Georg Schwarz · Zwischen Kanzel und Acker

Georg Schwarz

ZWISCHEN KANZEL UND ACKER

Aus dem Leben des schwäbischen Pfarrers Johann Friedrich Flattich

STIEGLITZ-VERLAG · E. HÄNDLE
MÜHLACKER

Umschlagentwurf: Christoph Albrecht

ISBN 3 7987 0164-4

Druck: K. Elser, Mühlacker

Johann Friedrich Flattich, Pfarrer in Asperg, Diener Gottes im Schwabenland, dein Leben ist eine Legende, obwohl du kein Heiliger gewesen bist, wie sie in Büchern stehen, die auf Goldgrund gemalt sind.

Die Geschichte deines Lebens steht im Herzen deiner Landsleute! Einmal hat jeder von dir gehört, und wenn der oder jener kein schlechter Mensch geworden ist, verdankt er's vielleicht der Erinnerung an dein Wesen und Leben, das ihm an die Seele gerührt hat in Kindestagen, als ihm die Mutter eine Geschichte erzählt hat vom guten alten Flattich.

Ist es nicht ein absonderlicher, grillenhafter Name, guter Mann, den dir deine fern im Osten geborenen Ahnen mitgegeben haben in der Taufstunde, als dir das heilig-nüchterne Wasser auf dein kleines Haupt niederträufelte? Ein Name, so geisterhaft, nachtflügelig und fledermäusig! Daß du dennoch kein flatterhafter Geist geworden bist, verdankst du nächst Gott und deinen Eltern ein wenig dem Apostel Johannes, nach dem du einen deiner beiden Vornamen hast. Und ein Johannes der Liebe warst du in der Tat dein ganzes Leben lang! Weil du aber auch einen profanen Namen brauchtest, als du noch so der Liebe bedürftig warst und noch keine geben konntest, nannten sie dich außerdem Friedrich; und deine Mutter tat sich leichter, dich auf diesen Namen zu rufen, zu hätscheln und zu liebkosen.

Von deiner Kindheit wissen wir wenig, sie lag für dich selber im Dunkel, wie für uns alle die unsrige. Als du zu sehen begannst, prangte um dich her ein Frucht- und Gartenland, ein Land der wohltätigen Sonne, wiewohl damals noch nicht so reich und fruchtbar wie später, doch zum Paradiese geschaffen wie selten eines, wenn die Menschen wollten ein wenig unschuldiger und paradiesischer sein! Deine Heimat ist das Kernstück des Landes, durch das der Neckar in schimmerndem Bogen läuft, die goldene Mitte des Herzogtums Württemberg.

Auf einem der fruchttragenden Hügel unweit vom Prunkschlosse deiner Fürsten, das damals gebaut wurde, machtest du deine ersten Kraft- und Freudensprünge, und bisweilen reichten sie so weit, daß du den Neckar sehen konntest in seinem Uferweidental, in dem zu deiner Zeit schon die Dichter gewandelt sind, die es Tempe nannten im heiligen Übermut der Begeisterung, und Arkadia.

Die schwäbischen Griechen, Ihr kennt sie ja.

Lateinschüler in Ludwigsburg, liefest du jeden Tag deine zwei Stunden Wegs von deinem Dorf in die Stadt und wieder zurück und versüßtest dir die lange Zeit des Gehens mit einem pfiffigen Spiel. Du liebtest den Gesang der Vögel, und wenn du in der Stadt eine kleine Meise flöten hörtest, ahmtest du ihren Pfiff nach, locktest sie, daß sie dir nachflog, und hattest keine Ruhe, bis du sie in Beyhingen in deinem Schlage hattest.

Nicht Übung allein war es, daß du die kleinen Vögel so gut zu locken verstandest, sondern die Zartheit deiner Seele, das liebevolle Werben deines Herzens hat sie betört und verzaubert, und mit deinem Liebesgesang hast du später die Seelen der Menschen gelockt.

Hättest du die Liebe nicht gehabt, so wärest du nur so ein Rattenfänger geworden oder ein windiger Querpfeifer!

Mit einem Wasserwecken in der Tasche, den dir die Mutter auf den Weg gab, warst du zufrieden, und früh hast du die Armut kennengelernt, als dein Vater gestorben war.

Nachdem sich seine Augen geschlossen und seine Hände zum letzten steifen Gebet verschränkt hatten auf der Totenbahre, taten sich dir schon die Arme eines anderen liebevollen Vaters auf, der im Kloster zu Denkendorf so viele Söhne zu betreuen hatte, des weiland Präzeptor Johann Albrecht Bengels Vaterarme!

Einmal hast du, sein gelehriger Schüler, die Muse angerufen in deinem Leben, und es war ein Dankgedicht an den Lehrer, der des einzigen Heils Hoffnung in dir erweckt hat.

Im ununterbrochenen Umgang mit Gott stand dieser Mann, eine Seele, die in der Gnade der Taufe geblieben war wie du selber! Du hast gleich ihm in deiner Jugend lautere, reine, zärtliche göttliche Rührungen gehabt. Dazwischen bekamst du von der göttlichen Leutseligkeit die innigsten Friedensblicke zu spüren. Ja, deine Jugend war ein Meer des Erbarmens und der Gnade, daß hundert alte Adams hätten darin ersäuft werden können!

Wer nun meint, daß du deshalb frühweiser Duckmäuser und geistlicher Grillenfänger gewesen wärest, der verkennt dich. Der Tropfen der Heiterkeit floß reichlich aus dem Gefäß deiner Jugend, und es hat Stunden gegeben, wo du dir manchmal überlegtest, ob du deine launigen Weisheiten nicht besser im Gewande des Spaßvogels auf den Märkten heruntersingen solltest.

So schwankt oft der junge Mensch hin und her in den Jahren der Gärung, wenn noch kein Ruf an ihn ergangen ist.

Im höheren Kloster in Maulbronn bekamst du mit einemmal Lust, deinen jüngeren Genossen zu helfen und sie zu unterweisen, damit sie sich leichter tun sollten im Lernen, als du dich getan hattest; — und weil du ihnen halfst, erschlossen sie dir ihr Herz, und du hast manches mit ihnen getragen, was der Jugend aufgebürdet ist.

Im hohen Stift zu Tübingen war deine Stube immer voll von jungen Studenten, die sich von dir unterweisen ließen, und nun erst zeigtest du deine ganze Kunst, sie zu führen und ihnen die trockene Studienspeise schmackhaft zu machen.

Dann hast du einige Jahre vikariert im schwäbischen Land, im Winter in kalten Kammern gefroren, und als du nach sieben Jahren als Pfarrer nach Asperg kamest, fandest du einen traurigen Ort, wo die Armut mit saugenden Polypenarmen nach dir griff und dir täglich ein schwereres Gewicht auf den Hals bürdete. Wärest du nicht gewappnet gewesen mit Geduld und Liebe, du hättest verzagen müssen!

Aber nun laß uns einen herzhaften Sprung tun in die Zeit deiner reifen Jahre!

1

Im Pfarrhaus zu Asperg war großes Treiben und Lärmen.

Vier Jungfrauen und drei verheiratete Nachbarinnen walteten und schalteten, putzten und schafften, backten und brätelten, obwohl der ledige Prediger streng verboten hatte, daß man eine unnütze Schwelgerei veranstalte! Ja, er hatte sogar das Geld dazu verweigert. Aber was hatte er jetzt noch viel zu sagen? Morgen herrschte eine Frau in seinem Haus, dann war er auf den Männerteil gesetzt! Das hatte er ja selber gewollt, — und die Frauen haben eine feine Witterung dafür, ob anderes Wetter aufzieht! Das ist nun so im Kleinen wie im Großen.

Flattich hatte sich bisher um die Frauen nicht viel gekümmert. Man darf wiederum nicht sagen, es sei ihm kein Sinn für Frauenschönheit und Liebreiz angeboren worden. O nein! Er weiß noch gut, wie ihm das Herz vor Freude tobte, als ihm die jüngste Tochter seines Ephorus in Maulbronn einen wachsgelben großen Apfel schenkte samt einem Blick so voll scheuen und unschuldig frommen Wohlwollens, daß der Knabe in der innigsten Verzauberung stehenblieb und auf seinen Apfel blickend meinte, es sei aus dem Hesperidengarten einer.

Ein Hesperidengärtchen war es ja beinahe, wo er damals gestanden hatte im alten Kloster, wenn auch ein schwäbisches: ein Klostergärtchen mit fruchttragenden Obstbäumen, die jede Woche einmal mit Seilen umwunden wurden, wenn die Ephora ihre Wäsche aufhängte. Der kleine Friedrich wußte aus seinem Homeros, daß auch Königstöchter sich nicht scheuten, mit der Wochenwäsche auszufahren, — warum sollte es seiner Nausikaa erspart bleiben, daß sie den Wäschekorb trug! Wobei er ihr half. Und dafür bekam er ja seinen Apfel.

Das Ende ihrer Freundschaft war nicht zufälliger und nicht schmerzlicher als jenes, das dem göttlichen Dulder und der Königstochter beschieden war —: eine letzte Begegnung auf der Schwelle zur Wohnung des Ephorus, ein scheuer Händedruck und das Wörtlein: Man wolle sich nie vergessen. —

Die Braut, die er nun vor dem Dorfe draußen auf der Straße, die hinüberführte in die Lieblingsstadt des Schwabenherzogs, in sein Schnakenversailles, erwartete, sie war ganz nach seinem Herzen:

Eine Pfarrerstochter! Das verstand sich von selbst. Und eine Waise. Das hatte ihn gerührt.

Überdies war sie ganz arm. Er liebte sie! Im Vorzimmer zur Wohnung seines geliebten Lehrers Bengel, des Prälaten in Stuttgart, hatte er sie zum erstenmal gesehen. Sie war gekommen, um als Bittstellerin für ihre Mutter und ihre Geschwister etwas Gutes zu erwirken, da ihr Vater, ein Pfarrer im Welzheimer Wald, gestorben und die Familie in Not geraten war. Ihr bescheidenes und zugleich mutiges Wesen hatte ihm so sehr gefallen, daß er sich für sie beim Prälaten einsetzte, was dem guten Vater so sehr gefiel, daß er eine heitere Anspielung nicht unterdrücken konnte und meinte, wenn ihm so sehr daran gelegen wäre, daß die Witwe und ihre Kinder in eine erträglichere Lage kämen, könne er ihr ja eine von ihren hübschen und wohlerzogenen Töchtern abnehmen und gleich christlich ernstmachen.

Flattich mißtraute dem Gefühl seiner Sympathie für das Mädchen nicht, und der mitleidige Fürsprecher empfing auf diese Weise des Himmels Lohn für seine gute Tat so rasch wie kein anderer — und freute sich doppelt, weil ihm der gute Vater Bengel in frommer Ahnung sein Glück angezeigt hatte, gleich darauf sogar den Brautwerber machte und ihm nach gutem Erfolg seinen väterlichen Segen auf den Weg geben konnte.

Der Prediger wollte von einer förmlichen Hochzeit, wo die Verwandten und Freunde eingeladen werden mußten, absehen und hatte die Braut gebeten, allein und ohne Anhang zu kommen. Und sie hatte es ihm zugesagt, weil sie verstand, daß es nicht gern gesehen war, wenn eine arme Braut sich vierspännig abholen ließ.

In einem kleinen Bauernchaislein sollte sie kommen, seine Braut, und hier vor dem Dorf wollte er sich zu ihr in den Wagen setzen, seinen Kopf an ihre Brust legen und allen, die es hören wollten, sagen: „In dieser Kammer hab ich meine Wohnstatt und meine Bettstatt, darinnen stelle ich auf meinen Hausrat und bleibe wohnen, solange die Uhr schlägt in ihrem Herzen!"

Man hätte ihm gern eine reiche Braut gegönnt, auch manche gutbestrumpfte Landestochter wurde in Vorschlag gebracht, aber er hatte erwidert: „So ich mich mit einer Wassersuppe begnügen will, wen gehet es etwas an?!"

Glückseliger Mann, der sich mit nichts beladen hat!

Was kann dir noch zustoßen als der Neid, daß du so frei bist?

Und auch diesen wirst du stillen aus deiner Fülle. Nun aber wach auf, Träumer! Die Braut kommt!

Der Prediger hatte gerade noch Zeit, einen Strauß von roten Ackerschnallen zu pflücken, die ein mageres Gerstenfeld neben der Straße zierten, als der Botenfahrer die Chaise vor ihm zu stehen brachte. Im Hintergrunde des Wagens inmitten einiger zierlicher Körbe saß Margarete, die Armut, hatte feuchte Augen und war sehr verlegen; im übrigen ein schlankes, schöngegliedertes Frauenzimmerchen, wenn man gütigerweise von den Schultern absehen wollte, die rührend schmal waren und fast noch kindlich anmuteten. „Halt vor Etters!" rief der kleine Prediger, und er tat sich was zugute auf den altväterlichen Ausdruck, der die Dorfgrenze bezeichnete, nahm seinen Ackerschnallenstrauß und stieg auf das Trittbrett des Wägelchens.

Die Braut hatte die größte Mühe, sich von den Körben und Körbchen freizumachen, mit denen sie sich beladen und umgeben hatte, nestelte hier und rückte dort, und ehe es noch zu einem Kusse kam, den ihr der Bräutigam über das Korbgebirge hinweg reichen wollte, sank er, der sich mühsam in der Schwebe gehalten hatte, wieder zurück auf seinen vormaligen Stand, und die losen Ackerschnallen, die seiner Hand entfallen waren, wirbelten in der Luft. „Es ist halt ein Kreuz", jammerte er tiefbekümmert, „wenn man so viel Sach' in die Ehe mitbringt!"

Die arme Margarete wußte nun gar nicht, wie er das meinte, wurde noch viel verlegener, — und erst als der Bräutigam anfing, die Körbchen einzeln herauszunehmen und auf die Straße zu stellen, um sie hernach wieder in besserer Ordnung in der Chaise aufzuschichten, begriff sie, daß er nicht anders redete, als wie er dachte, rechnete es ihm hoch an und begann ihn heftiger zu lieben.

Das durfte er alsbald verspüren.

Er hatte ihr einmal erzählt, daß er Zibeben über alles gern esse. Sie hatte sich das gemerkt und zum Einstand gleich einen ziemlichen Sack der guten getrockneten Weinbeeren mitgebracht, den sie jetzt öffnete, um ihn damit aus der Hand zu füttern. Die Zibeben freuten ihn mehr, als wenn sie ihm ein Himmelbett gebracht hätte; denn mit einem Himmelbett kann eine bei einem große Ehre einlegen, mit Zibeben aber nicht.

Zibeben schenkt man aus Liebe ...

Also Zibeben essend und sich küssend fuhren sie in den Pfarrhof ein. Alle die Nachbarinnen und die Mädchen, die das Fest vorbereitet, das Haus geputzt, den Kuchen und das Kaffeebrot gebacken hatten, sie standen da und reckten die Hälse aus nach seiner Braut.

Flattich hätte ihnen das Vergnügen des Gaffens gerne gegönnt, da ihn aber dünkte, daß sich vielleicht ihr Maulwerk an seiner Braut schadlos halten könnte für alle die Mühe, die sie sich aufgeladen hatten, um ihr das Nest zu machen, hob er sie schnell aus dem Wagen und trug sie auf dem geradesten Weg in das Haus. Die Weiberunart des Schwätzens, der er auf so barsche Weise entgegnen wollte, schürte er dadurch erst recht. Die Beleidigten entschädigten sich durch Kraft und Eifer für das, was ihnen an Zeit verlorengegangen war. Der armen Braut entging kein Wörtchen davon, und als er sie drinnen in seiner Studierstube niedersetzte, schaute sie ihn tränenüberströmt an.

„Mein gutes Kind, warum weinst du denn?" fragte er sie.

„Du weißt es, Friedrich!" erwiderte sie, „hast es ja selber gehört!"

Da kam sie aber schlecht an. Er wollte nur Gutes gehört haben, wie zum Exempel: „Ein braves, nettes Weib!" —

„Hinauf und hinunter eine tüchtige Schafferin!" —

„Paßt in den Pfarrhof wie ein goldener Becher auf einen silbernen Teller!"

Er redete sich ordentlich warm zu ihrem Lob und wurde ein wenig rot dabei, denn er hatte schon lange nicht mehr gelogen. Sie glaubte zu fühlen, daß er sie schonen wollte, verzieh ihm die fromme Lügnerei und ließ wieder die Sonne scheinen durchs Regenwetter. —

Inzwischen klopften der Schultheiß und der Schreiber an die Tür, um wegen der Eheformalitäten vorstellig zu werden, wurden eingelassen und kamen gerade recht zur Traufe. Es ist nun einmal so bei Ehegesponsten und denen, die es werden wollen, daß sie sich ihrer Dinge, die sie miteinander verzwirgelt haben, vor anderen schämen; darum war es der Margarete arg, mit roten Augen dazustehen, und sie nahm sogleich ihr Tüchlein, hustete und geckste hinein, und der Prediger sprang ihr dabei zu Hilfe und sagte, es müsse wohl von der verrauchten Studierstube herkommen, daß sie sich so übel befinde; was der Schultheiß höflicherweise auch zu entdecken meinte. Nachdem er sich bei Margarete erkundigt hatte, wie ihr die weite Reise bekommen sei, nahm der Schreiber die Feder in Anschlag, und Flattich gab dem Schultheißen seine Urkunden zur Hand.

Unter den Schnörkeleien, die ein stattliches Bündel ausmachten, fand sich ein Blatt, das den Schultheißen, nachdem er es gelesen und wieder gelesen, plötzlich bewog, sich ehrerbietig zu erheben und den Dreispitzer vom Kopfe zu nehmen.

Ahnungslos folgte der Schreiber seinem Herrn und holte zu einer tiefen Verbeugung aus.

„Ihr seid“, begann der Schultheiß, „ein Herr von — Adel, Johann Friedrich von Flattich!“

Der Prediger wurde über und über rot, doch nicht über die Entdeckung seines Adels, sondern über die peinliche Devotion des Schultheißen. Den wahrhaft edlen Naturen ist es gegeben, sich über die Erniedrigung der gemeinen zu schämen, die sich eines äußeren Zeichens wegen vor ihnen demütigen, wo jene doch nur eines inneren Wertes wegen gewürdigt zu werden hoffen!

„Schwer kann ich mir's verzeihen", entgegnete Flattich in größter Zerknirschung, „daß ich Euch das Papier nicht entzogen habe! Da es aber ohne mein Wissen beim andern liegengeblieben, mag mir Verzeihung geschehen! Bedeckt Euch, mein Herr! Ihr lasset mich meine Leichtfertigkeit grausam büßen! Ich bin ohnehin des Prädikates verlustig — nun erst recht!"

„Was redet Ihr?" sagte der Schultheiß und blieb weiterhin unbedeckt, desgleichen der Schreiber.

„Ich will Euch den Fall ein andermal explizieren", lenkte Flattich ab, „für heute muß Euch genügen: Das Evangelium ist meinen in Christo verstorbenen Ahnen eine Herzenssache gewesen, und da sie's einmal hätten verlieren sollen, weil ihr Fürst über Nacht den römischen Glauben angenommen, haben sie den Edelmann dahinten gelassen, wiewohl sich das Anrecht nicht verloren hat. Es soll aber nichts daraus werden, es sei denn, daß einer von den unsrigen ein Judas werden möchte an seinem Glauben, was Gott verhüte! Amen.

Also schreibet: Johann Friedrich Flattich, der Person nach bekannt —"

Da nun ein so geläufiger und guter Anfang gegeben war, geriet der Schreiber in Eifer, und der

Schultheiß kam, ohne es zu wissen wie es ging, ins Diktat.

Als die Urkunde geschrieben und von den Brautleuten unterzeichnet war, stellte sich's heraus, daß die beiden Zeugen, die ihre Unterschrift geben sollten, noch nicht gekommen waren.

Den neugebackenen Ehemann focht es wenig an.

Er hatte für die Zeugenschaft zwei seiner Amtsbrüder aus den Nachbardörfern herbeigebeten. Es hatte aber gute Weile mit ihnen. Der eine von den beiden war blind und mußte sich führen lassen, der andere war taub und sollte dem Blinden das Geleit geben.

Der Schultheiß erlaubte sich die Frage, ob sich keine anderen Zeugen hätten finden lassen, wo doch die Zeugenschaft vielleicht eher einen gesunden Menschen verlange.

Der Prediger belehrte ihn aber eines anderen und sagte: „Ihr seid, mit Verlaub, zu wenig bewandert in geistlichen Dingen, um zu wissen, wie gut beschaffen die beiden für ihre Aufgabe sind! Merkt wohl, der Taube sieht mich, sieht, was an mir des Leibes ist, dies aber sieht er vollkommen, der Blinde vernimmt, was an mir des Geistes ist; — weil nun Geist und Leib in mir wollen Hochzeit halten, weiß ich mir keine besseren Zeugen. Jeder von ihnen stützet mich aus Vollkommenheit einer Gabe, auf daß eine höhere Geistleiblichkeit in mir werde. Bei Margareten ist es nicht anders."

„Dacht mir nur", erwiderte darauf der Schultheiß, „Ihr wolltet Hochzeit mit einem Weibe halten, und nicht mit dem Geist! Ihr wißt es aber besser!"

„Ihr sagt Plausibles", entgegnete darauf der Prediger lächelnd, „doch eben wie Ihr es versteht! In den meisten Fällen werden sich eben halt die Leiber vermählen, die Geister sind zumeist abwesend! Wenn es aber richtig zugeht, werden sich Geist und Leib vermählen. Zum Exempel: Ist der Ehemann des Geistes und das Weib des Leibes, so werden sie nicht ruhen, als bis sie eine Geistleiblichkeit sind, und zwar ein jedes für sich und beide eine zusammen. So werdet Ihr mich auch leichter verstehen, wenn ich sage, ich will Hochzeit halten in mir selbst! Das gemeine Unglück entstehet aber meist, wenn zween Leiber allein die Hochzeit miteinander halten, oder zween Geister, was eine große Gespensterei ist, denn keines findet am andern, was ihm fehlet; sie suchen es ewig und finden's nicht zu ihrer Qual, was schon manche Ehe zu einem Hexentanz gemacht hat, daß sie endet mit Gezänk und Holzscheitschmeißen!"

Der Schultheiß fühlte sich recht erquickt von der Belehrung, und gar der Schreiber nickte zu jedem der Worte des Predigers.

„Da Ihr so gut wißt, was zu einer rechten Ehe

nötig ist, mein lieber Herr“, fühlte sich der Belehrte bewogen zu sagen, „dann kann es bei Euch ja nicht fehlen!“

„Bisweilen eilt der Geist der Erfahrung voraus“, bemerkte der Prediger verschmitzt lächelnd und warf einen verschämten Blick auf die Braut; „sollte es aber mit meiner Weisheit einmal zu Ende sein, so will ich mir bei Euch als einem erfahrenen Ehmann in Demut Rat holen!“

Das hörte der Schultheiß nicht ungern, und da er den Prediger seit langem lieb gewonnen hatte, versprach er, es nicht an Rat und Tat für ihn fehlen zu lassen. —

Die Nachricht, daß die Braut des Predigers in der Pfarre eingezogen war, hatte sich im Dorf wie ein Feuergeschrei fortgesprochen und ein buntscheckiges Volk von Gratulanten, Hungervögeln und Bettelsackleuten in den Pfarrhof gelockt.

Alle wollten sie die Braut sehen, und wenn es nicht sein konnte, so doch ihren lieben Prediger, was zu einem großen Gedränge vor der Haustüre führte. Als sich Flattich, um den Grund des Lärmens zu erfahren, ans Fenster begab, brachten sie ein Vivat auf ihn aus, das aber so schnarrmäulig und begehrlich klang, daß er sogleich wußte, wie es zu verstehen war.

„Ist doch einmal der himmlische Herr“, sagte er zu seinen Besuchern, die sich mit ihm ans Fenster drängten, „auf eine Hochzeit gegangen nach Kana, zwar nur als ein Gast, und hat doch keine

Ruhe gehabt und hat müssen Wein schaffen, zwei Ohm und mehr, bloß um die Zungen der Mahlzeiter zu letzen,— warum soll es also mir als dem Hochzeiter erspart bleiben, meine Schnarrmäuler zu atzen, wenn dabei auch der Hochzeitstisch ein wenig von seinem Ansehen verliert?!"

Sprach's und huschte zur Tür hinaus auf seinen kurzen Beinen, der Schultheiß gleich hinter ihm her, um ihn vor allzugroßer Freigebigkeit zu warnen, — aber schon war es zu spät!

Er hatte die Gugelhopfen, deren ihm viel zu viele gebacken worden waren, in der Küche ausgewittert, stülpte je einen davon auf die Faust, drückte einen dritten gegen die Brust und eilte mit seinem Raub die Treppe hinunter, um sein Herz zu erleichtern.

Aber wehe dem Wohltäter, der mit den Gaben zugleich die Liebe seiner Erstgeber weiterschenkt, die sie in die Gabe versteckt haben, und diese eher zurückwünschen als sie in falschen Händen zu wissen!

Die Putzerinnen, die sich an der Tür mit Mühe der zudringlichen Bettelgratulanten erwehrten, sahen mit einemmale ihren verhätschelten Bräutigam glückselig lächelnd wie den Heiligen Christ in der Gabenstunde mit ihren Topfkuchen die Stiege herabschweben, gaben einen schrecklichen Schrei von sich und suchten in ihrer Verwirrung den Geber von den Empfängern auf handgreifliche Weise zu trennen.

Damit richteten sie aber bei ihrem Pfarrer nichts Gutes an; der sonst so Sanftmütige gebot ihnen kurzerhand zu weichen, und da sie seine gehorsamen Leibengel und Fürsorgerinnen sein wollten, blieb ihnen zuletzt nichts anderes übrig, als nachzugeben und mitanzusehen, wie ihre Backofenkunst in die unrechten Hände oder — besser — gleich in die unrechten Mäuler kam.

Ein neues Vivat, noch schnarrmäuliger und begehrlicher als das erste, sagte dem Pfarrer, daß er recht gehandelt hatte, und zugleich streckte sich ihm eine so große Menge magerer Hände und Händchen entgegen, daß er Blasen an die seine hätte bekommen müssen, wenn er sie alle hätte drücken wollen! Ach, er sah es wohl, daß eine Hand, die gratuliert, sich nicht viel anders ausstreckt als eine, die was haben will!

(Dies mag sich jeder merken, dem gratuliert wird!)

Armut und Eigennutz wachsen auf dem nämlichen dürren Holz. Flattich wußte es wohl und war gesonnen, seinen Glückwünschern eine ausreichende Wegzehr zu geben!

Seine Leibengel und Fürsorgerinnen aber waren diesmal schneller und klüger als er, eilten ihm voraus und riegelten ihm vor der Nase die Tür zu seiner Küche ab.

Nun kam es schier zu einem Streit. Er sprach von einem guten Recht und den Christenpflichten, sie wußten aber ebenso gut anzuführen, daß es auch eine Pflicht der Dankbarkeit gebe und eine gute Sitte, die Salbe, mit der uns die Liebe wohltun will, nicht zu verkaufen und zu verschenken, wie der Herr gelehrt und vorgelebt habe!

Weil sie sich ihm gegenüber dennoch nicht gewachsen fühlten, holten sie seine Braut, die Margarete, aus der Stube und verklagten ihn bei ihr wie einen Buben.

Die arme Braut sah ihren Friedrich in einer sonderbaren Lage. Sie mußte sich hüten, in diesem Streite zu entscheiden, überlegte sich nur, was sie am Hochzeitstag den Hausgästen vorsetzen sollte, wenn der Bräutigam am Vortage seine Küche selber aus dem Hause trug, — und seufzte ein wenig.

Dieser Seufzer, leicht wie eine Flaumfeder, wog auf der Gefühlswaage der Jungfrauen schwerer als jedes andere Gewicht, — und unser Prediger ging dagegen auf der anderen Seite hoch wie ein halbes Lot! Das heißt: er hatte nichts mehr zu sagen!

Zum Glück wurde der unerquickliche Streit unterbrochen durch die Ankunft der sehnlich erwarteten Trauzeugen.

Flattich eilte seinen Amtsbrüdern entgegen und umarmte die beiden mit einer einzigen Umfassung. Dies war ihm nicht zu verübeln, denn die Freunde waren für sein Gefühl etwas Zusammengehöriges. Der Schwierigkeit, sie mit seiner Braut

Margarete bekanntzumachen, begegnete er damit, daß er sich vor ihnen mit ihr laut verküßte, was der Taube zu sehen und der Blinde zu hören imstande war. Dann schritten sie gemeinsam in die große Stube, und die Zeugen gaben ihre Unterschrift. —

Dies alles, um es noch einmal zu wiederholen, das Warten auf die Chaise mit der Braut, die Bescheidenheit Margaretens, die Vorliebe des Bräutigams für die Armut, das Zibebenessen auf der Fahrt ins Dorf, Flattichs Edelmut, Hochherzigkeit und innere Würde in mehreren Auftritten, seine Freigebigkeit, verbunden mit dem Wissen um die Schattenseiten der Menschenseele, das alles zusammen wäre kein schlechter Anfang für eine Ehe gewesen, wenn unseren Sonderling nicht von Beginn unseres Berichtes an ein verzweifelter Gedanke unausgesetzt gequält hätte, dem er endlich Luft machen mußte! Wir deuteten schon einmal an, daß Flattich von Natur hitzigen Blutes, das heißt jähzornig und auffahrend war, und daß er sich eine wahre Herkulesmühe gab, dieses Temperament zu dämpfen und zu unterdrücken. Der Alltag der Ehe aber, so sagte er sich immerwährend, würde diese seine schwache Seite einmal bloßlegen, und vor nichts fürchtete er sich mehr als davor, seiner Braut eine Enttäuschung zu bereiten.

Es war nötig, daß sie seine Schwäche kennenlernte, um ihn zu verstehen, ja um ihn im Kampf gegen die Unart zu unterstützen oder, um sich zu üben, ihn ertragen zu lernen.

Er sann und sann, wie er Margarete prüfen könne, ob sie auch genügend Geduld und Nachsicht für ihn habe, und erfand zuletzt ein Mittel, das in der Geschichte nur ein einziges Mal erprobt wurde und den Experimentator ganz zufriedenstellte, vor dessen Anwendung aber die Folgegeschlechter gewarnt sind! Gleich wird davon die Rede sein!

Am Abend unseres Tages versammelte sich das Brautpaar mit den zwei Trauzeugen und dem frommen Obersten Rieger, der von der Feste Hohenasperg herabgeeilt war, um seinen Garnisonsprediger zu beglückwünschen, in der großen Stube des Pfarrhauses um einige Becher schwäbischen Weines.

Man war in heiterer, doch nicht übermütiger Stimmung, als dem Obersten einfiel, den Prediger zu fragen, von welchen Voraussetzungen er bei der Wahl seiner Frau ausgegangen sei.

Flattich hatte nichts so wohl erwogen wie dieses und antwortete: „Wer heiraten will, darf vor allen Dingen kein Stiefweib nehmen!“ — sagte er wie die selbstverständlichste Sache und nahm einen Schluck.

Der Oberst lachte hellauf, aber der blinde Pfarrkollege erklärte ernsthaft: „Hier liegt ein tiefsinniger Flattichismus vor!“

„Ist das was Ähnliches wie der Katechismus?" fragte der Oberst lachend.

„O nein!" erwiderte der Blinde und netzte die Zunge ein wenig am feuchten Glasrand, „ein Flattichismus ist ein festverschnürter Sack mit fertigen Gedanken! Ich meine immer, ich müßte dahinterkommen und komm doch nicht dahinter! Also, Flattich, was verstehe ich unter einem Stiefweib?"

Flattich war gern bereit seine Sachen zu erklären und fragte aufs neue: Ob man wisse, was Stiefkinder seien? —

Das wisse man schon! sagte der Oberst.

„Also", fuhr Flattich fort, „wie man das Stiefkinder heißt, wenn man ein Weib, die Kinder hat, heiratet und die Kinder dazunimmt, so — so ist das ein Stiefweib, wenn man ein Vermögen heiratet und das Weib um des Vermögens willen dazunimmt! Kurz und gut. Wer nicht ehrlich heiratet, nimmt sich ein Stiefweib!"

„Jetzt verstehen wir!" sagte der Oberst. „Wie gut habt Ihr das ausgedacht! Nun aber weiter! Nach welchen Rücksichten wähltet Ihr noch?"

„Ich habe", antwortete Flattich bedächtig, „noch eine andere Sache erwogen, als ich heiraten wollte, und die Sache" — er wandte sich plötzlich an seine Braut, sah sie ernst und prüfend an, holte blitzschnell aus und gab ihr eine mäßige Ohrfeige — „dieselbe Sache muß nun noch entschieden werden!"

Der Oberst sprang zornig auf. „Aber Flattich, ist Er verrückt geworden?“

Margaret wußte gar nicht, wie ihr geschehen war. Noch eben hatte er ihr so ernst und redlich ins Gesicht geblickt, dann hatte er ihr einen Backenstreich gegeben. Sie konnte sich nur denken, daß sie ihn mit irgend etwas erzürnt hatte, und dachte sich in ihrer Bescheidenheit: Vielleicht ist mir recht geschehen?! — und bat ihn mit den Augen still um Verzeihung. Da fiel er ihr an die Brust, ja noch mehr, er weinte Tränen der Freude und des überströmenden Glücks und stammelte:

„Liebe Margarete, ich habe es wissen müssen, ob du mich in Geduld erträgst, wenn ich aus der Haut fahre. Die Probe mußte ich haben! Nun weiß ich's, daß ich einen Erdenengel geheiratet habe. Eine, die mir einen Backenstreich verzeiht, wird mir noch mehr verzeihen! Ach, und dies vollbringt ein Mensch! Wie viel tiefer wird Gottes Verzeihung und Gnade für mich sein! Margarete, du hast bestanden!

Ich verspreche dir aber hoch und heilig, und diese da sind Zeugen, daß ich mich hüten werde vor dem ersten bösen Wort, vor dem ersten Streit in unserer Ehe, so wahr ich dein Friedrich bin!“

Der Oberst hatte, während Flattich das Geheimnis des Backenstreiches enthüllte, langsam seine Miene verändert, und nun, als der Prediger sein Versprechen gab, erhob er sich feierlich, gab der Pfarrerin einen keuschen Kuß auf die Wange und sagte zu ihr:

„Sie hat Ihre Feuerprobe bestanden, Margarete! Ein Weib, das solche Geduld hat wie Sie, muß keinen Backenstreich mehr von ihrem Manne befürchten!

Es war — Ihr Ritterschlag.“

2

Nichts geht schneller vorüber als eine Reise oder ein Fest, — und von uns allen, die wir keine Könige, Luftschiffer und Kapitäne sind, verlangt das Leben Gleichmaß und einen festen Ort! Wir wundern uns darum nicht, daß der glücklich Verehelichte am Tage nach dem Hochzeitsfest wieder in seiner Studierkammer sitzt. Das hochgelegene Kämmerchen hat einen Auslug durch ein kleines Fenster. In einer der Scheiben spiegelt sich die Straße und über der Straße das Backhaus, in einer anderen der Kirchturm, dessen Spitze gekrümmt scheint wie ein Seepferdchenschweif, weil sich die Wandung des Fensters buckelt.

Flattich hat seinem Auslug manche gute Predigt zu verdanken!

An den Backtagen versammelt sich auf der Straße das ganze Volk des Dorfes. Da macht er sein Guckfenster leise auf und horcht hinunter in den Sudkessel, in das Gärfaß der Zeit, und die Dünste, die ihm oben in die Nase steigen, destilliert er fleißig als ein frommer Laborant. Im stille brennenden Feuer verzehrt sich das Zufällige der Dinge, und noch aus der trübsten und unsaubersten Mischung klärt sich am Ende ein Körnlein beständigen Salzes heraus.

Er hütet sich geflissentlich, über die Menschen, die ihm von Gott anvertraut sind, ein Urteil zu sprechen, auch den sündigsten verwirft er nicht, hat doch Gott in ihm ein Urbild dessen verborgen, was er zu sein hat, und wenn es auch vielfach gequetscht und befleckt worden ist, es hat die Auferstehungskraft in sich, wenn es sich den Einstrahlungen Gottes nicht entzieht! —

Bisweilen natürlich bedarf es handgreiflicher Eingriffe und deutlicher Ratschläge, um eine Seele wieder in ihr Gleichgewicht zu rücken, und dafür hat der Seelsorger seine erprobten Mittel zur Hand!

Zum Exempel: Die Tür geht auf — und in der Stube steht Frau Motz, das unglückliche Eheweib eines Rohlings, eines Trinkers und ortsbekannten Lüdrians!

Sie hat es nicht leicht mit ihrem Mann. Sieben Kinder hat sie ihm in einer harten Ehe geboren! Was der Mann verdient als ein bescheidener Handwerker, vertrinkt er zur Hälfte, und wenn sie den Pflichtvergessenen schilt, wird sie von ihm geprügelt, wenn sie ihm ins Gewissen redet, wird er sperrig, und wenn sie in Gutem mit ihm spricht, wird er noch leichtsinniger und lädt das nächste Mal die Saufgesellen ins Haus, und sie selber muß ihnen aufwarten!

Dem Prediger geht auf, daß die Frau überhaupt zuviel redet, ob nun im Guten oder im Schlimmen.

„Weiß Sie was, Motzin", sagt er zu ihr, „rede Sie doch gar nicht mit Ihrem Mann!"

„Ja, wer da schweigen könnte!" ruft die Frau verzweifelt aus, „man ist halt nur ein Mensch!"

„Wer weiß", fährt Flattich ruhig fort, „vielleicht kann Sie mehr ertragen als andere Menschen! Will Sie's einmal versuchen?"

„Herr Pfarrer, ich will's ja gern versuchen", antwortet sie und weint noch lauter als zuvor, „aber es wird halt nicht gehn! Es wird halt nicht —"

„Da fällt mir eben ein", unterbricht sie Flattich, „daß es ja ein Mittel gibt, wodurch Sie schweigen lernen kann! Es ist ein seltenes Mittel und nicht jedem zugänglich."

„Und das wäre?" frägt die Frau ruhig und ganz verwundert.

„Es ist ein geheimnisvolles Ding", sagt Flattich leise, — „von wundertätiger Wirkung! Ein besonderer Stein! Versteht Sie? — Weiß nicht, ob es der vielgesuchte Stein der Weisen ist! Aber weise macht er Euch, das ist gewiß! — Will Sie's mit dem Stein versuchen, Motzin?"

Die Motzin macht auf einmal große Augen. Von dem wundertätigen Stein hat sie schon einmal gehört und sie fragt:

„Bringt er Glück ins Haus, Herr Pfarrer?"

„Recht hat Sie! Der Stein bringt Ihr wahrscheinlich viel Glück ins Haus!" antwortet Flattich lächelnd, „und wenn Sie will, kann Sie ihn haben!"

„Nur gleich her damit!" sagt die Motzin aufs bestimmteste, „so ein Stein kommt mir nie wieder aus dem Haus!"

„Also will ich ihn suchen!" sagt Flattich, steht auf und läßt die glückliche Motzin in der Stube zurück. —

Dann geht er in seinen Garten, sucht und findet einen flachen glatten Kiesel, der nicht zu groß ist, wäscht ihn am Brunnen und trocknet ihn säuberlich an seinem Flausch. Steigt wieder die Stiege hinauf und findet die Motzin noch glücklicher als zuvor. Er tritt vor sie hin und verbirgt den Stein hinterm Rücken.

„Weiß Sie auch, was Sie tun muß, wenn Ihr der Stein helfen soll!?"

„Herr Pfarr, ich tu alles, was Ihr sagt!" antwortet die Motzin und öffnet schon die Hand.

„Sie nimmt", belehrt sie der Prediger, „jedesmal, wenn Ihr Mann betrunken von der Kneipe heimkommt, den Stein unter die Zunge und bewahrt ihn dort so lange, als Sie mit ihm zusammen ist! Verspricht Sie das?"

Die Motzin verspricht's.

Da gibt er ihr den Stein. Sie schaut ihn lange an, verwundert, und sagt, solche könne sie alle Tage auf der Straße sehn!

Das läßt er aber nicht gelten und macht ihr begreiflich, daß es auf das Äußere bei einem solchen Stein nicht ankomme! „Der Stein, den ich Ihr gebe“, sagt er, „hat das Richtige in sich!“

Und was er denn in sich habe? meint sie.

„Das eben ist das Geheimnis“, antwortet ihr Flattich, „das Sie erproben soll! Im übrigen vergesset nicht, Motzin, für Euren Mann zu beten!“

Da ist das arme Weib wieder voll Verwunderung und Glauben, nimmt den Stein in die Faust, küßt Flattich die Hand und geht.

Flattich steht wieder an seinem Auslug.

Es dauert nicht lange, da tritt die Frau aus dem Haus und geht geradeaus auf das Backhaus zu, wo sie einige Leidensgenossinnen anzutreffen hofft, denen sie ihren wundertätigen Stein zeigen will. Sie kommt aber nicht so weit, denn aus dem Nebenhaus torkelt der Motz, ihr Mann, der sie belauert hat und genau weiß, warum sie in das Pfarrhaus gegangen ist!

Er schwankt auf sie zu, grätscht die Beine auseinander und will ihr den Weg verstellen, aber der Hauptstock seines Leibes gerät darüber ins Wanken; sie springt ihm bei und stützt ihn, weil sie fürchten muß, daß er in den Straßenschmutz fällt, — und da hält er sie schon fest, schimpft, flucht, wettert und kneipt sie in den Arm. Sie beißt sich los, schiebt schnell etwas in den Mund — und läßt das Hagelwetter auf sich niedergehen! Es ist ein schlimmer Brockenhagel, ein Steinbruchregen! Es ist ein wüster Auftritt.

Der Prediger muß verbissen an sich halten, daß er nicht das Fenster aufreißt und den Wüstling mit einem Felssturz von oben bedenkt. Aber das Weib hält stand und schweigt. Endlich läßt er sie los, ist zwar noch sehr grimmig, schaut am Pfarrhaus hinauf, ob der Prediger am Fenster steht, erschrickt nicht wenig, als ihm Flattich gebieterisch in sein Haus winkt, zieht den Kopf ein und gehorcht.

Unser Prediger ist kein erschrockener Mann, er nimmt das widerspenstige Vieh am Horn wie der Bauer, und wenn er einmal donnert, wird ihm eine Stimme wie ein Ur.

Der betrunkene Motz rumpelt in die Stube herein, keucht, schnaubt und schreit ungebärdig: „War sie wieder da, das Weib?" Da donnert ihn Flattich mit einem wütenden „Schweig Er!" nieder, daß der Trunkenbold augenblicklich zusammenknickt wie eine Kutsche, wenn ihr das Rad bricht!

Und nun ist langes Schweigen.

Als der Motz nach einer Weile die Augen erhebt, steht Flattich in einer Ecke der Stube und schaut ihn so innig forschend durch seine Brille an, daß der Motz gleich wieder die Augen niederschlägt. Das wiederholt sich ein paar Male, bis Flattich das erste Wort findet und fragt: „Weiß der Motz eigentlich, warum er ein so schändlicher Mensch ist?" —

Der Sünder läßt den Kopf tiefer hängen, grübelt lange, und endlich bringt er hervor: „Es kommt davon, Herr Pfarr, weil ich unter einem unglücklichen Planeten geboren bin!"

Flattich ist nicht im geringsten über die Antwort verwundert und sieht so drein, als dächte er über Motzens Planeten tüchtig nach. Dann geht er hinüber an sein Schreibpult, spitzt eine Feder und legt sich einen Bogen Papier zurecht.

Ehe er schreibt, schaut er dem Motz noch einmal in sein verdrossenes Säufergesicht und sagt:

„Ob Er's nun glaubt oder nicht, auch ich bin unter einem unglücklichen Planeten geboren — und kann es nicht hindern, daß Er beim Amt angezeigt wird und ins Zuchthaus muß!"

Der Motz sieht auf einmal seinen unseligen Saufstern in der größten Bedrängnis, und da er wohl weiß, daß der Planet des Pfarrers der stärkere ist, nimmt er seine Zuflucht zu Flattichs gutem Herzen, bittet bewegt um Verzeihung und Gnade und gelobt einen besseren Wandel.

Aber Flattich läßt sich nicht so schnell erweichen, tunkt die Feder aufs neue ein und sagt nur nebenhin:

„Ihr seid kein ganz schlechter Mensch, Motz —

aber so schwach in Euerm Glauben! Wenn Ihr Eurem Stern so schnell die Treue versagt, kann ich auf Euer Wort auch nicht bauen?!“

Da gerät der Motz in wütenden Eifer. „Herr Pfarr“, sagt er, „wenn Ihr bloß wüßtet, wie mir der siedige Stern Tag und Nacht zusetzt! Ich bin ja schon kein Mensch mehr!“

„Ei!“ sagt der Pfarrer darauf, „wie gut Er über sich Rat weiß! Aber der Stern, der Ihn vexiert hat, scheint doch nur zur Nacht. Warum ist Er denn auch am hellen Tag betrunken?“

„Ach!“ erwidert darauf der Motz nicht unklug, „er scheint ja auch am Tag, man sieht ihn bloß nicht!“

„Dann ist Ihm leider Gottes halt nicht zu helfen“, klagt der Pfarrer, „und Er muß eines Tages oder Nachts ins Zuchthaus!“

„Davor sei Gott!“ jammert der Motz.

„Ja, glaubt Er denn auch an Gott?“ fragt der Pfarrer begierig, „da Er schon seinen Namen in den Mund nimmt?“

Der Motz verstummt beschämt, und Flattich fährt fort:

„Es scheint doch, daß Er dem Herrgott mehr zutraut als seinem miserabligen Stern! Damit ist ein Anfang gemacht. — Jetzt nur noch eins: Will Er im Namen des dreieinigen Gottes, den Er angerufen, Sein lästerliches Leben aufgeben, Seinem Stern Valet sagen und mir versprechen, keinen Tropfen mehr zu trinken?!“

Der Motz ist in all seinem Elend doch ein ehrlicher Kerl und gesteht: „Keinen einzigen Tropfen mehr, Herr Pfarr, das kann ich Euch nicht versprechen! Der Asperger ist gut und der Besigheimer ist noch besser!"

„Wenn der Wein aber einen Sklaven aus Ihm macht", entgegnet der Pfarrer zürnend, „dann wäre es besser, man leerte ihn in die Dunggrube!"

Nach einem so kräftigen Spruch spürt Flattich Lust, eine Prise zu nehmen, tut es und wartet ab, was der Motz darauf zu erwidern hat. Der hält nun gar nichts vom Tabak, um so mehr aber vom Wein, und weiß geschickt zu erwidern:

„Kann Er denn von Seinem Tabakschnupfen lassen?!"

Das trifft unseren Prediger sehr empfindlich!

Dem kleinen Laster des Schnupfens hat er sich ergeben, weil es das unschuldigste ist. In früher Jugend hat er sich's angewöhnt, und es ist möglich, daß ihn die feinen Frauenzimmer darum gemieden haben! Weil sie ihn nun gemieden haben, oder weil er damit erreichte, daß sie ihn mieden, hat er die anderen Laster nicht kennengelernt, die alle mit den Frauenzimmern zusammenhängen: das Lügen, das Schmeicheln, das Hofieren, das Kokettieren, das Visitenmachen, das Klatschen, das Pokulieren, das Schuldenmachen, das Hasardieren und das Duellieren, — und deshalb nennt er mit Recht das Schnupfen ein vorbeugendes Laster!

Aber der Sünder Motz kann das Opfer des Tabakschnupfens von ihm verlangen.

„Wohlan“, antwortet ihm Flattich, „ich will vom Tabakschnupfen lassen, wenn Er vom Weintrinken läßt! Er hat meine Hand darauf! Wenn ich aber noch einmal sehe, daß Er Sein Weib mißhandelt, muß Er doch ins Zuchthaus!“

Da schreit der Motz verzweifelt auf:

„Steht denn nicht in der Bibel, daß Mann und Weib *ein* Leib sind?! Wenn ich also mein Weib haue, gebe ich mir die Streiche ja selber!“

„Hat Er sie denn gespürt?“ fragt Flattich herzlich bewegt.

Da geschieht es, daß der Motz nickt und dann verstummt. Dabei tritt ihm das helle Wasser in die Augen.

Nun setzt ihm Flattich nicht mehr zu, sondern läßt ihn zur Ruhe kommen, führt ihn dann sanft hinaus und leitet ihn freundlich die Stiege hinunter.

Der redliche Leser wird nun wohl genug haben von Dünsten! Auch Flattich hat genug davon.

Er verläßt seine geistliche Laborantenstube und geht in den Garten hinter das Haus, um sich am Wohlgeruch seiner Blumen zu erquicken. Da blühen Goldraute und Frauenherz, Kaiserkrone und Mädchenauge, Silberkerze und Sonnenbraut und stimmen ein viel schöneres Seelenkonzert miteinander an als der Motz und sein Weib!

Der Garten ist lang und schmal und eigentlich nichts anderes als ein breiter Weg, der sich nach hinten verjüngt.

Hennendarm nennt der Leutemund einen solchen Garten, und seine Art kommt zustande, wenn zwei Nachbarn, deren Gärten durch Zaunwege voneinander getrennt sind, übereinkommen, den ungenutzten Grund, der zwischen ihren Gärten liegt, an einen dritten für gutes Geld zu verkaufen.

Flattich hat seinen Hennendarm sehr lieb. Er beschert ihm einen langen geraden Auslauf. Leicht überschaubar liegen die kleinen Beete rechts und links vom Wege, die Gemüsepflanzungen, die Blumenwäldchen, die Saatkästen — und nur zweimal verzweigt sich der schmale Weg, einmal, wo er um das Regenfaß, und das andere Mal, wo er um ein Rosenstockrondell herumgeht.

Zuhinterst, wo der Darm sich kümmerlich verjüngt, steht eine Bohnenstangenlaube, und an sie grenzt Nachbar Motzens Garten mit einem großen Haufen Mist!

Es ist eben schwer, von Motzens Dünsten loszukommen!

Flattich wandert hin und her, schaut hinauf zu den Bäumen, wo die roten Äpfel hängen, schaut in den Abgrundhimmel, wo sich die Schwalben zum Heimflug sammeln, und wittert — Herbst.

Wer im Schwabenland lebt, kennt den Duft von welkem Laub und reifem Obst, vermischt mit dem Gedüfte gärender Trester vor den Keltern, dem süßen Gedüft des jungen Weines und Apfelmostes, — ah! und erst das Balsamlüftlein, das über die Gärten und Dächer hinwegschwebt, wenn der Nachbar den Keller öffnet, wo all der Segen gebrannt wird!

Ein Destillatum reinen Geistes erfüllt die Luft und ein Wohlgeruch wie von fünftausend Engeln! — Eine Prise muß man zu sich nehmen, wenn man von dem Arom nicht betäubt werden will.

Und das ist es ja, was unseren Flattich so sehr peinigt, daß er sich immerfort die Nase reibt! Alle guten Gedanken verlassen ihn, wenn er nicht mehr in der Nase hat, was ihm so teuer ist! Elend ist er und krank, mißmutig und zerschlagen. Nichts will ihm gelingen!

Aber ein Wortbruch wäre schändlich! Und gar ein Wortbruch an einem Sünder wie Motz! Doch, sieht es der Motz vielleicht?

Nein! Der ist in seiner Kneipe.

Ach, er bedauert es schon, daß er ihm sein Wort gegeben hat, keinen Tabak mehr zu schnupfen!

Er wandert hin und her. Da sieht er die kleine rote Rose in dem Rondell. Ist Rosenduft nicht köstlicher als der Duft der gebeizten Tabaksstaude? Er tritt vor sie hin, mit dem kleinen Finger biegt er sie heran — und kostet!

Voll ist ihr Duft und keusch! Ihr Innerstes duftet wie eine Schale süß gewürzten Weines. Da schnellt das Zweiglein zurück, und hundertblättrig zerstiebt der Duftleib der Blume und regnet nieder auf das Rondell.

O wie vergänglich sind die Rosen!

Sinnend geht Flattich weiter, und am Ende seines Gartens in der Bohnenlaube greift er schnell in den Rockschlitz, zieht die Dose hervor und begeht den Wortbruch.

Himmel und Hölle! *Das* ist ein Geschmack!

Gleich einem Bündel Stricknadeln schießt es ihm durchs Gehirn. Hiatz! Hiatz!

Hölle und Himmel! Was ist das?

Lachen die Teufel? Ergötzt sich die Hölle an seinem Fall?

Er wischt sich die Augen. Und wieder: Hiatz! und ein Höllengelächter! — Hilf Himmel! Drüben überm Zaun auf dem Dunghaufen steht der leibhaftige Satan mit der langen Gabel — und lacht, lacht, wie nur der Motz lachen kann!

Ja, es ist der Motz, der ihn bei seinem Wortbruch ertappt hat! Ohne Grenzen ist seine Schadenfreude, und er lacht und schreit: „Er hat geschnupft! Er hat Sein Wort gebrochen! Ich will's Ihm aber auch brechen und mir heute nacht einen Rausch antrinken, daß drei Wochen lang von nichts anderem geredet wird als von meinem Rausch und Seinem Ehrenwort! Behüt Euch Gott, Herr Pfarrer!"

Ein Donnerschlag ist auf Flattichs Haupt niedergegangen! Er hat gerade noch die Kraft, die verwünschte Dose auf das Mistgebirge zu schleudern, das seinen Garten von dem des Motzen trennt, dann eilt er in die Arme Margaretens, die mit dem Essen schon auf ihn wartet.

Er straft sich aber selber und schiebt das Mahl beiseite, obwohl sie sein Leibgericht gekocht hat.

Während sie nun allein essen muß und bald die Lust daran verliert, sitzt er neben ihr und beichtet sein Mißgeschick.

Die Tränen sind ihm nahe, dem unglücklichen Mann!

Sie weiß ihn gut zu trösten und rät ihm verständig, sein Wort nicht an jeden Tunichtgut zu verpfänden!

„Der Motz“, sagt sie, „hat es nur darauf angelegt, sein eigenes Wort zu brechen!“

„Und ich hab ihn dazu verleitet!“ klagt er sich verzweifelt an.

„Wär's denn nicht wieder gutzumachen?“ fragte sie.

Das überlegt er sich ruhig, und nach einer guten Weile weiß er genau, was er tun muß.

*

Wundern wir uns darum nicht, wenn wir Flattich am Abend des Tages im Wirtshaus „Zum letzten Pfennig“ wiedersehen! Es ist eine alte

Kneipe. Der Boden hat schon lange keinen Besen mehr gespürt, die Stubendecke ist ein schwarzer Spinnenhimmel. Nicht ohne Grund hat Flattich seine hohen Stulpenstiefel angelegt, am liebsten wäre er zu Roß in die Kneipe geritten, so starrt es dort von Unrat!

Er muß nicht lange warten, da kommt auch schon der Motz und mit ihm eine Bande von noch viel schlimmeren Mötzen, die ihm wie Kletten anhängen.

Als sie den Pfarrer sehen, setzen sie sich zu ihm an den Tisch und haben große Freude, daß er sich bei ihnen zeigt, denn in der Kirche hätte man doch keine Gelegenheit, sich kennenzulernen, spotten sie!

Ein anderer Daniel sitzt unser Pfarrer in dieser Löwengrube, hört wohl das Fauchen und das Bellen, das Zähneblecken und Zischen, läßt es sich aber nicht nahegehen! Er hat nur den Motz im Auge. Der fängt gleich mit einem Schnaps an, und Flattich tut es ihm nach. Als der Motz nun seinen inneren Lüdrian vorgewärmt hat und den Wein kommen läßt, bietet ihm Flattich auch darin Widerpart und läßt gleichfalls Wein kommen.

Damit setzt er sich bei beiden Wichten so in Respekt, daß sie aufhören zu spotten, ja, sie gehorchen ihm aufs Wort, ihn mit dem Motz allein zu lassen, dessentwegen er gekommen sei. Nun sitzen sich die beiden stumm gegenüber und jeder hat das Gefühl, daß er dem andern das Wort gebrochen hat.

Immer wenn der Motz trinkt, hebt Flattich das Glas und prostet ihm zu, nimmt einen kleinen Schluck und stellt das Glas wieder auf den Tisch. Dem Motz macht es anfänglich Vergnügen, sich mit dem Pfarrer zu messen, aber mit der Zeit steigt ihm doch der Zorn auf, als er merkt, daß ihn der Pfarrer necken will, und nun fängt er an wie ein Grenadier zu bürsten.

Flattich hält wacker mit. Dem Motz entgeht nur, daß der Pfarrer jedesmal, wenn er einen Schluck genommen hat, das Glas kurze Zeit unter den Tisch hält und den Rest in seinen hohen Stiefel gießt, den er sich vom Fuß gezogen hat.

Das ist zwar ein unlauteres Spiel, aber in manchen Fällen ist es erlaubt!

Nach einer guten Weile wird der Becherbold verdrossen und läßt den Kopf hängen. Das hat zweierlei Grund: Es ärgert ihn, daß er dem Prediger im Weinbürsten nicht gewachsen sein soll, überdies spürt er schon ein ziemliches Gewicht am Kopf!

Freundlich ermuntert ihn Flattich weiterzutrinken, und als der Motz unwillig aufbegehrt, spottet er: „Jetzt weiß ich endlich, woher Sein Mißgeschick kommt! Er verträgt noch weniger als ein Huhn! Er muß das Trinken sein lassen!“

Und gutmütig fährt er fort: „Warum trinkt Er überhaupt? Was mir nicht schmeckt, tue ich nicht! Auch muß ich Ihm sagen, daß Er einen schlechten Geschmack hat, sowohl was den Wein angeht wie das Lokal! — So! Und jetzt lasse ich Ihn sitzen in seiner Spelunke!

Will Er aber nach Seinem Wein noch ein gebratenes Göckelchen essen, dann komme Er zu mir auf meine Stube ins Pfarrhaus! Wir warten schon lange auf Seinen lieben Besuch!"

So viel Liebe, Güte und schönen Versprechungen kann der Nachbar Motz doch nicht widerstehen, strahlt dem Pfarrer all seine Liebe und Güte wieder zurück und steht sogleich auf.

Flattich zahlt ihm die Zeche gern.

Beim Hinausgehen spuckt der Motz noch einmal tüchtig auf den Schmutzboden der elenden Kneipe, und es scheint, als hätte er vom schlechten Leben endlich genug!

*

Das ist Johann Friedrich Flattichs Alltag!

Man muß zugeben, daß er reich genug ist an Schwankungen und Wechselfällen, an Niederlagen und den bescheidenen Siegen, die das Herz beglücken!

Schrittweise kämpft der Menschenhelfer um sein Reich. Den ungeschmeidigen Erdenkloß nimmt er liebevoll in die Hand, befreit ihn von Steinen und krausem Wurzelgeflecht, und er hat keine Angst, sich an ihm zu beschmutzen . . .

3

Es war ein Glück, daß der Motz in jener Nacht noch einen Leckerbissen im Pfarrhaus zu essen bekam, — sonst hätte Flattich nie erfahren, was für Früchte sein Tun und Predigen in Asperg gezeitigt hatte!

Wir müssen nachholen, daß der Prediger seit Monden einen frommen Krieg gegen die Bettler und Faulenzer führte, die auf dem mageren Boden der Markung zahlreicher saßen als an anderen Orten, wo der Letten nicht so schwer und der Geist nicht so tatenlos war!

Der Motz hatte ihn wissen lassen, daß sich die Bettelsackträger seit der Zeit, da ihnen Flattich ins Gewissen gesprochen hatte, zwar schämten im eigenen Dorf Kundschaft zu halten und mit Vergeltsgott zu zahlen, daß sie dafür aber in die anstoßenden Dörfer zogen, um ihr Futter von fremden Krippen zu raufen, und so ihren Hirten auf schmähliche Weise hinters Licht führten! Nicht genug, daß sie es selber taten, sie richteten auch ihre Kinder zum Betteln ab, schickten sie über Feld und verderbten die junge Menschennatur aufs gottsträflichste.

Einem jungen Prediger tut es gut, wenn er zuerst sein Asperg findet, sonst wird er Gottes Faultier und glaubt am Ende, er müsse nur das Wort säen und die Heiligen Gottes wüchsen daraus hervor wie die Kürbisse!

Welch ein Segen für unseren Prediger, daß er zeitig sein Asperg fand!

Die Unterredung, die Flattich am andern Morgen mit seiner Frau über die Bettelei führte, war kurz und bündig und zeigte den tätigen Mann schon im neuen Sattel.

„Was werde ich tun", fragte er seine liebe Margarete, „um einer so tiefen Verderbnis entgegenzuwirken?!"

Sie antwortete: „Du wirst predigen, Flattich, und ihnen sagen: ‚Ihr müßt arbeiten und im Schweiße eures Angesichtes euer Brot essen!'" —

„Ich werde es nicht tun!" sagte Flattich, während er keuchend seine langen Stiefel anzog, „und weißt du auch warum, Margarete?"

„Weil du ein besseres Textwort nimmst!"

„Es gibt kaum ein besseres!"

„Dann nimmst du ein geringeres!"

„Nein!“ entschied Flattich, „ich nehme überhaupt keines, weil Gottes Wort keine Donnerbüchse ist! Darauf bin ich heute nacht gekommen! Adjes, meine Liebe!“ — und hinaus war er!

Sein Weg führte ihn an kleinen Gärten entlang, durch Winkel und Höfe, und am Ende mitten durch eine offene Scheuer, die jedermann als Passage benutzte, hinaus aufs freie Feld, wo ihm der Wind schon oktoberlich rauh um die Ohren wehte. Es war kalt geworden über Nacht.

Einer Vogelscheuche gleich stand er unbeweglich lange Zeit in einem Rübenacker und beobachtete, wer in das Dorf hinein- und wer herausging. Als ihm der Wind zu sehr mitspielte, suchte er Unterstand in einer weiter draußen liegenden Feldscheuer und lugte allemal durch die Lattenritzen, wenn jemand auf dem Feldweg gegangen kam. Beim Elfeläuten sah er einige Kinder von Markgröningen her über Feld kommen, jedes mit einem Hamstersäckchen. Es waren ihrer gleich vier. Der Oktober pfiff so kalt, daß die frierenden Kinder bisweilen hinter Bäumen im Feld Zuflucht suchten und in die kalten Fäustlein hauchten. Als sie die Feldscheuer sahen, beschlossen sie, dort Unterstand zu suchen, fingen plötzlich an zu laufen, jubelten und schrien, als wäre die Schule aus. Lachend und lärmend stürmten sie durch das offene Tor und wunderten sich nicht wenig, an diesem Ort ihren Pfarrer zu treffen. Flattich saß auf einer Schütte Heu und hieß die Knaben lärmen und sich Bewegung machen, denn ihre Bäckchen waren schon blau vor Kälte.

Bald waren die Kleinen, von denen der älteste dreizehn und der jüngste acht Jahre alt sein mochte, in eine harmlose Keilerei verstrickt, und da eine solche nie ohne ein begleitendes Wortgefecht abgeht, wußte Flattich sehr schnell, welche Art von Menschengewächs er vor sich hatte.

„Jaköble", wandte er sich unvermittelt an den ältesten von den Buben, „wie oft schickt dich denn dein Herr Vater mit dem Bettelsack über Feld?"

„All ander Tag!" antwortete der Jaköble freimütig.

„Bringst du denn auch immer was her?" fragte er weiter.

Noch ehe der Knabe antworten konnte, drängten sich die andern alle um den Heuhaufen, auf dem Flattich saß, und antworteten an seiner Statt:

„Ja, der Jaköble schnurrt am besten von uns!" —

„Er hat uns eingelernt!" —

„Wenn er einmal nichts heimbringt, gibt ihm sein Vater was hinten drauf!" —

„Und ihr andern", fragte Flattich, „kriegt ihr auch Schläge daheim, wenn ihr nicht genug zubringt?"

Da nickten sie alle so gleichmütig, als verstünde sich die Strafe von selbst. Das traf ihn ins Herz.

Er stand auf, ging mit den Kindern auf und ab, nahm sie einzeln in die Arme und wärmte sie.

Dann fragte er sie wieder durch Jaköble, den ältesten:

„Glaubt ihr, daß es etwas Schöneres gibt als Betteln?"

„Ja!" antwortete der Jaköble hurtig, — „reich sein!"

„Das Reichsein ist in deinen Augen gewiß sehr schön, Jaköble", gab ihm Flattich zu, „gibt es aber nicht noch was Schöneres?"

Die Kinder wußten nicht, was noch schöner sein sollte als reich sein, und schauten ihren Pfarrer verwundert an.

„Ist fleißig sein nicht schöner als reich und — faul sein?!" wandte sich Flattich wieder an den Knaben.

Der Jaköble nickte, dann fuhr es ihm plötzlich heraus: „Herr Pfarrer, ist das Betteln eine schlimme Sünd?"

„Es ist eine Sünd!" erwiderte Flattich und schaute ihn lange an.

„Dann mag ich meinen Vater und meine Mutter nicht mehr leiden!" schrie der Knabe mit einemmal und war sehr aufgeregt; aber Flattich legte ihm die Hand aufs Haupt und sänftigte ihn:

„Du mußt sie noch viel mehr lieben als bisher, Jaköble, sie sind ja so arm, deine Eltern! Weil sie nicht wissen, daß das Betteln eine Sünd ist, schikken sie dich aus! Dir aber tut es nichts, denn dich reut die Sünd, — und überdies mußt du deinen Eltern als ihr Kind ja gehorchen!"

Während er so mit dem Knaben sprach, ihn an sich zog und auf seinen Knien sitzen ließ, drängten sich die anderen Bürschlein um ihn herum, und in ihren Augen war deutlich zu lesen, daß sie gerne etwas Besseres tun möchten als den Bettelsack schleppen, weshalb ihnen der Pfarrer versprach, daß es mit dem heutigen Tag aus sein müsse mit dem Landfahren, er wolle sich mit ihren Eltern besprechen.

Zugleich lud er die Kinder ein, zur Mittagspeisung in sein Haus zu kommen, was ihnen sehr gefiel, schon der Abwechslung halber, denn auch Kinder haben einen guten Gaumen und bedanken sich, wenn sie alle Tage Kohl bekommen sollen und Schimpf und Schläge obendrein.

„Ach, ihr kleinen Kreuzträger", seufzte Flattich, als er sich wieder erhob und ihnen die Hand auflegte, „vielleicht bekommt ihr heute noch einmal recht tüchtig Schläge, weil ihr mir die Wahrheit gesagt habt! Aber leidet's gern, morgen gibt's zuckerige Küchle im Pfarrhaus, und fortan wird euch der Herr Heiland, der die Kinder liebt, die hungrigen Mäuler stopfen! Wie steht's? Werdet ihr kommen?"

Da schrien sie alle „Ja", hüpften vor Freude an ihm empor, jubelten und riefen: „Wir gehen zum Herrn Heiland!", küßten ihn und machten ihm sehr zu schaffen.

Flattich war sehr entzückt über so viele Zuneigung und gutem Willen, mußte aber doch den argen Verdacht hegen, daß ihn die Kleinen in ihrem kindlichen Unverstand mit seinem himmlischen Herrn und Meister ein wenig verwechselt hatten, seufzte und lächelte.

Ach, es schadet nicht, wenn Kinder über ihre Welt hinaus in den Dingen irren und das Nahe mit dem Fernen, das Irdische mit dem Himmlischen verwechseln, irgendwo hängt es doch miteinander zusammen — und im Sichtbaren fangen wir alle an, das Göttliche zu begreifen, ob wir nun klein sind oder groß!

Flattich ging mit den Kindern zurück ins Dorf, kaufte sich beim Bäcker einen Wecken, den er an Stelle eines Mittagsmahles verzehrte; dann machte er den Eltern der Kleinen seinen Besuch.

Beim Kirchweihgeiger Groll, der Jaköbles Vater war, setzte es ein langes weinerliches Konzert, eine klägliche Kammermusik über das Elend, in der das Eheweib die Vokalpartie übernahm und eine Weheklage heruntersang, in der viel Lamentables mit unziemlichem Hochmut vorgetragen war.

Der Gesang hätte sich bis ans Ende der Zeiten fortwälzen können, wenn Flattich nicht bescheidentlich abgeklopft hätte, und handelte insbesondere von den enttäuschten Hoffnungen der Madame selber, die sich als gewesene Hofmusikusgattin eines Tages in die Lage versetzt sah, ihrem

Geiger in das trostlose Asperg folgen zu müssen, nachdem ihn der Fürst wegen seines liederlichen Lebenswandels und seiner Schuldenmacherei aus dem Orchester geworfen, — worüber die Madame aus ihrem siebenten Himmel fiel, in dem sie bisher mit ihren Domestiken und ihrer Equipage, einer eingebildeten oder wirklichen, die große Dame gespielt hatte!

Welch ein Jammer! Nun war ihr Mann zum Kirchweihgeiger condamniert, wie sie sagte, und die Kreuzerlein flossen spärlich. Vom Schnurrantentum, zu dem sie ihren unmündigen Sohn selbst verdammten, schwieg die Madame begreiflicherweise, und Flattich bezeigte vorerst keine Lust, das leidige Thema zu berühren.

Als der Geiger nun aber selber anfing, von seiner großen Kunst auf dem Violincell zu reden, und bedauerte, daß er sein Instrument zur Straßendirne und Kuppelsängerin auf den Kirchweihen erniedrigen müsse, nur um ein paar lumpige Pfennige zu verdienen, erlaubte sich Flattich zu fragen, ob das Instrument dabei einen Schaden erlitten habe! Der Geiger sah unseren Prediger verwundert an und gab hochmütig lachend zur Antwort, dem Instrument könne das Spiel bestimmt nicht schaden!

„Weiß Er das so genau?“ fragte ihn Flattich ernst. „Nun wohl, ich muß es Ihm glauben! Er versteht was von Seiner Kunst! Jetzt aber etwas anderes: „Ist Ihm Sein Sohn so lieb wie Seine Geige?“

Der Musiker erwiderte aufs höchste verblüfft, sein leibeigener Sohn sei ihm natürlicherweise um vieles lieber als die Geige!

„Bringt Er's zum Exempel fertig“, fuhr Flattich fort, „Seine Geige, die ihm viel weniger am Herzen liegt als Sein Sohn, dafür zu strafen, daß sie Ihm nicht so viele Kreuzerlein einbringt, als Er haben muß?!“

Der Kunstgeiger lachte hellauf über die Frage und antwortete: „Ich werde doch meiner Geige nicht den Bauch eintreten oder den Hals brechen, wenn ich schlechte Geschäfte mit ihr mache! Ich bin doch kein Narr!“

„Jawohl“, antwortete Flattich, „Er ist ein Narr! Ich will es Ihm beweisen. Seinen Sohn züchtigt Er aufs gottsträflichste, wenn er nicht genug Bettelware nach Hause bringt, Seine Geige aber, die Er viel weniger liebt als Seinen Sohn, hütet Er wie Seinen Augapfel, obwohl sie Ihn gar nicht genügend ernährt! Ich will Ihm was sagen: Sein Sohn hat das Recht, nicht unbilliger behandelt zu werden als Seine Geige! Versteht Er mich?“

Da wurde der leichtsinnige Musikus wütend und schrie:

„Was sprecht Ihr da! Habt Ihr Euch hinter mein Kind gesteckt und es ausgefragt? Ich will dem Bengel dafür ein Solo auf seinen Hintern streichen, daß er sein Lebtag nicht mehr aus der Schule psalmodiert!"

„Das", fiel ihm Flattich ins Wort, „wäre das letzte Mal, daß Er Sein verratnes Handwerk am Hintern Seines Sohnes ausübt, das schwöre ich Ihm, sonst kommt Er dorthin, wo Er selber gestrichen wird, und zwar mit einem unzarten Fiedelbogen!" Sagt es und blitzte ihn so kräftig an, daß der Geiger und mit ihm seine feine Madame allen Mut verloren, mit dem Pfarrer auf Scherzfuß zu reden!

In dem Konzert, das sie miteinander aufgeführt hatten, trat nun geraume Pause ein, während derselben sich der Musikus überlegte, ob er nicht in anderer Tonart mit dem Pfarrer reden müßte, wo ihn dieser doch auf seinen schlimmsten Fehlern ertappt hatte.

Unterdessen war der Jaköble selber ins Zimmer getreten, blieb aber scheu bei der Türe stehen, weil er merkte, was für Wetter seinetwegen aufgezogen war, und wurde endlich von Flattich aufs liebevollste herbeigerufen.

Flattich segnete den Knaben, küßte ihn auf die unschuldige Stirn, nahm ihn an den Händen und führte ihn seinem Vater zu.

„Das ist Seine Geige, Musikus Groll!" sagte er zu ihm, „behandle Er sie mit aller Schonung und Liebe und lasse Er das Kind nicht entgelten, daß Ihn der Herrgott ins Unglück gestoßen hat!

Er mag in manchem selbst schuldig sein an Seinem Schicksal, in anderem wieder nicht. Ich will nicht richten! Verderb Er mir aber diese kleine Gottesgeige nicht, die Ihm der Herrgott geliehen hat, sie tönet schöner als Geigen und — Saitenspiel!

Wenn Euch etwas mangelt, schickt den Sohn zu mir oder kommt selbst mit Eurem Anliegen! Es werden auch wieder bessere Tage für Euch kommen!

Aber in schlimmen wie in guten Tagen ist ein unverderbter Sohn Eure beste Stütze, Madame! Erniedrigt das Kind nicht! Eine Menschenseele ist tausendmal zarter als eine Geige, und wenn sie einmal gesprungen ist, kann sie kein Geigenmacher mehr flicken!

Hier habt Ihr etwas für die schlimmste Not!

Und Gott befohlen alle miteinander!"

Der Musikus hatte sich bei Flattichs gütigen Worten erhoben, nahm seinen Buben an die Hand, und die beiden geleiteten den Pfarrer, der sich zum Gehen anschickte, vor die Tür.

Auf der Schwelle verneigte sich der Musikant plötzlich vor Flattich, küßte ihm schnell die Hand und mit tränenüberströmten Gesicht stammelte er seinen ehrlichen Dank.

Der Tag eines fleißigen Predigers ist nicht nach Stunden bemessen, und die Ruhe, die er bisweilen nötig hat, findet er leichter in Gott als in der Zeit. Mögen wir die gute Pfarrerin immerhin bedauern, daß sie manchmal umsonst auf ihren Gatten wartet! Hat Gott Erntetag, dann dürfen die Schnitter nicht säumen!

Als Flattich den Musikus verlassen hatte, machte er seinen Besuch im Hause des armen Gütlers Schopf.

Dieser Schopf war ein eigenwilliger Mann, der sich in seiner freien Zeit mit Uhrenbasteln beschäftigte, das Basteln aber nur als Liebhaberei betrieb und manchen guten Groschen darauf verwendete.

Die Frau empfing ihn mit einer saueren Miene, sie ahnte gleich, was der Besuch zu bedeuten hatte, und eilte dem Pfarrer voraus in die Stube, um ihrem Mann anzuzeigen, was die Uhr geschlagen habe!

Der Uhrenbastler räumte so schnell er konnte seinen Rädchenkram vom Tisch und machte dem Pfarrer, als er eintrat, ein Gesicht, auf dem der Zeiger so unverhohlen auf schlechtes Gewissen deutete, daß Flattich, ohne zu wollen, lächeln mußte.

„Warum heißt Sie denn Ihren Mann seine Arbeit verstecken?“ fragte Flattich die Frau, die sich schon wieder in ihre Küche zurückziehen wollte, „er muß sich seines Fleißes doch nicht schämen!“

„Ach“, erwiderte ihm daraufhin die Schopfin, „Arbeit ist ja recht und gut, aber sie sollte halt mehr eintragen!“

Unterdessen hatte der Schopf seinen Kram vollends in die Tischlade gestrichen und tat so scheu und verlegen, als hätte ihn der Pfarrer beim Kartenlegen erwischt.

„Zeigt mir doch Euer Werk, Schopf!" ermunterte Flattich den Heimlichtuer, als die Frau hinausgegangen war, „vielleicht läßt es sich gebrauchen!"

Aber der Schopf war schwer zu bewegen, die Tischlade wieder zu öffnen, und erst als Flattich durchblicken ließ, daß er sich selber schon einmal mit Uhrenbasteln abgegeben, seit ihm Magister Hahn in Kornwestheim den Sinn für dergleichen Feinwerk erschlossen hätte, nahm der Schopf seinen Zeitweisel, an dem er gebosselt hatte, aus dem Versteck, hängte ihn an die Wand und brachte den langen Perpendikel in Schwung. Die Uhr hielt ihren Takt gut und, obwohl kein Meisterwerk, war sie mit den bescheidenen Mitteln, die dem Schopf zur Verfügung gestanden hatten, ein brauchbares Ding geworden.

„Habt Ihr nie daran gedacht, lieber Schopf", fragte Flattich den Uhrenbastler, „so ein Feinwerk zu verkaufen?"

Der Schopf, der sich auf einmal mit Achtung behandelt sah, verdrehte seinen eigensinnigen Kopf auf recht eckige Weise, und wenn er bisher mit viel Kleinmut zurückgehalten hatte, so antwortete er nun mit ebensoviel Stolz:

„Ich bin mir zu gut zum Hausieren!"

„Da sitzt der Butzen!" sagte Flattich ernst,

„wenn Er sich leider Gottes zu gut dazu ist, Seine Arbeit an den Mann zu bringen, dann hat Er doch einen flinken und gescheiten Buben, den Er mit Seinen Uhren in die Stadt schicken könnte?!"

„Meinen Buben richte ich für was Besseres ab!" erwiderte der Schopf und guckte spekulierend aus seinen grauen Äuglein.

„Beispielsweise — zum Bettel!" sagte Flattich spitz.

Der Uhrmechanikus verlor plötzlich alle Ruhe, wurde blaß und ließ seine Äuglein so schnell im Kreise laufen, daß ihnen kein Sekundenzeiger hätte nachkommen können, dann schnepperte er mit bestürzender Schnelligkeit eine Klagerede herunter, in der viel von seinen steinigen Äckerlein und sauren Wiesen, die ihm die Frau in die Ehe gebracht, von mangelndem Gerät und allerlei sonstigem Mißgeschick die Rede war; dabei seufzte, ächzte und stöhnte er und gebärdete sich gar nicht anders als eine Uhr, der man den Perpendikel abgehangen hat und die nicht eher zur Ruhe kommt, als bis die Feder gänzlich abgeschnurrt ist.

„Lieber Schopf", sagte Flattich lächelnd, als er endlich zu Wort kommen konnte, „ich verdamme Euch ja nicht, weil ich weiß, daß Ihr eine arme Haut seid!

Aber schaut Ihr Eure Äcker und Wieslein nicht zuviel von der unteren Seite an? Da seht Ihr freilich nichts als Stein und Lehmklöße! Seht doch einmal die obere Seite an!

Der Himmel, der über der Erde liegt, hat so viel Licht und Wärme, Regen und Tau, und das Füllhorn seiner Gnade ergießt sich auf Euren kleinen Acker so gut wie auf das große Land des Herzogs!

Unser Vater sagt nicht, ich will das Viele segnen, das die Großen haben, und mit dem Wenigen, was die Kleinen bauen, lasse ich mich nicht ein!

Wenn Ihr tüchtig arbeitet, wird Euer kleines Land so viel eintragen, als Ihr braucht! Ihr armen Leute haltet's aber mit dem Nimmerspar, der nicht hausen kann! Ist die Ernte herein und das Schweinchen geschlachtet, dann lebt Ihr wie die Vögel im Hanfsamen! Kommt dann der Winter, so schickt Ihr Eure Kinder betteln! Ist's nicht so?!"

Der Schopf konnte nicht widersprechen, wendete aber ein: „Ihr habt in manchem recht, aber alles wißt Ihr nicht!"

„Wenn ich allwissend wäre", erwiderte Flattich, „dann hätte ich das Recht zu richten! Ich will Euch aber helfen. Wo fehlt's?"

Nach einiger Überlegung antwortete der Uhrenbastler: „Ich bin kein gelernter Bauer! Jetzt wißt Ihr's!"

Flattich seufzte. „Das ist gewiß schlimm! Aber was sagt denn die Uhr dazu?" Er meinte, ob er nicht die Uhrenmacherei betreiben wolle.

Der Schopf hatte die Frage nicht recht verstanden, sah verzweifelt auf sein Kunstwerk an der Wand und antwortete: „‚Tick-tack' sagt sie. Was soll sie anderes sagen?"

„Könnt es nicht auch ‚schnick-schnack' heißen?" fragte Flattich lächelnd.

Da der Schopf ein sinniger Mann war, wie alle Uhrenmacher, ging es ihm sehr im Kopf herum, was die Uhr sagte. Er hörte auf einmal selber immer nur ‚schnick-schnack — schnick-schnack!', bezog das Perpendikelgespötte auf seine Person und wurde ganz verdrießlich.

Flattich befreite ihn wieder aus der Verlegenheit, wies auf die Spötterin an der Wand und sagte:

„Da Ihr ein so geschickter Mechanikus seid, will ich Euch einen Auftrag geben, Schopf! Repariert mir die Kirchenuhr! Ihr wißt, daß die Asperger Zeit mit der andern nicht Schritt halten will, da könnt Ihr ein gutes Werk tun und werdet damit am Ende noch ein Kirchendiener! Wollt Ihr?"

Der Schopf glänzte vor Freude und Dankbarkeit und versprach, gleich am andern Tag auf den Glockenstuhl steigen zu wollen, um den Aspergern zu zeigen, daß er mehr könne als über der Tischlade bosseln und seinen Buben auf Bettel schicken!

Spät am Abend kehrte Flattich heim und fand seine junge Frau eingeschlafen auf dem Kanapee sitzen.

Behutsam steckte er die Lampe in Brand und wollte eben den brennenden Span, den er in der Küchenherdglut entzunden hatte, ins Ofenloch werfen, als sie erwachte und verdrossen ins Licht starrte.

Er wünschte ihr sorglos einen „Guten Abend“ und schickte sich an, ihr einen Kuß zu geben. Sie wich aber vor ihm zurück, schaute ihn an wie einen Fremdling und sagte schläfrig:

„Ist das mein Flattich, der so spät nach Hause kommt? Hast du wieder den Motz in seiner Kneipe besucht und ihm das Trinken verleiden müssen?“

Flattich merkte, daß sie ärgerlich war, wollte ihr aber keinen billigen Trost geben und antwortete:

„Margarete, es werden Tage kommen, wo ich noch länger ausbleiben werde! Was wirst du dann tun, wenn du jetzt schon ärgerlich bist?!“

Sie sagte: „Ich werde den Herd löschen und dir keine Suppe mehr warmhalten!“ — und ging in die Küche hinaus, um ihm einen Abendtisch zu richten.

Als sie nach einer Weile wieder hereinkam, schaute sie schon freundlicher, deckte den Tisch und setzte sich neben ihn, in der Meinung, er würde einen großen Hunger zu stillen haben.

Flattich schob den Teller zurück.

„Margarete", bat er sie freundlich, „iß die Suppe selber! Ich habe keinen Hunger!"

Die Frau erschrak über sein verändertes Wesen, besann sich und mußte finden, daß sie ihn nicht recht behandelt hatte. Statt die Suppe zu essen, stützte sie den Kopf auf den Tisch und weinte leise vor sich hin.

Das konnte er nicht ertragen, strich ihr mit der Hand zart übers Haar und tröstete sie: „Was hat das Kind? Sie ist zu lange allein gewesen. Warum hat Sie aber nicht ein frommes Buch zur Hand genommen und ist guten Gedanken nachgegangen?"

„Ach, meine Gedanken gehn alle im Kreis!" gestand sie verzweifelt.

„Dann sind sie wohl an einen heftigen Wunsch geknüpft, von dem sie nicht loskommen?" fragte er freundlich.

Erschrocken sah sie empor und betrachtete ihn lange Zeit.

Er erwiderte ihren Blick ruhig und erriet halben Weges, was sie bewegte.

„Ei, wie mächtig muß der Wunsch sein, daß du ihn nicht nennen willst!" sagte er lächelnd. „Ist es aber nicht so, daß die meisten Wünsche sich erst mit der Zeit erfüllen? Die einen brauchen ein Jährchen und die andern noch länger! — Ohne Kinder zu leben ist für manches Weib sehr schwer! Aber wollen wir nicht geduldig sein und warten? Wir werden es ohnehin tun müssen, Margaretlein! — Es ist doch sonderbar zugegangen heute! Auch mir sind mit einemmal die Kinder lieb geworden. Willst du hören?"

Sie nickte eifrig. Er erzählte sein Erlebnis mit den Bettelkindern in der Scheune und alles das, was du mein Leser, schon zu Beginn des Kapitels vernommen hast, und sagte zum Schluß:

„Was verschlägt es uns, wenn wir uns um einige der Kinder annehmen, solange wir noch keine eigenen haben?"

Margaretens Augen leuchteten wie zwei Weihnachtskerzen. „Wann werden sie kommen, Flattich?"

„Morgen zu Mittag werden wir sie bei uns haben! Und was sagst du jetzo?" fragte er.

„Was ich sage?" antwortete die Frau und nahm sein liebes Schelmengesicht in die Hände, küßte es und drückte es — „du sollst jetzo deine Suppe essen, lieber Friedrich!"

„Ich will sie essen!" frohlockte er, und nachdem er seinen Dank gebetet hatte, nahm er den Löffel in die Hand.

4

Lassen wir unseren Flattich getrost überwintern in seinem Asperg! Der Schnee fällt langsam in großen Flocken. Der Hennendarmgarten sieht aus wie ein langes Lailach, das die Pfarrerin zum Bleichen gelegt hat.

Aber der Schnee bleibt nicht lange liegen im Schwabenland!

So milde der Winter dort ist, so grausam ist manchmal der Frühling. Die zarten Spitzen der jungen Gräser zittern vor seinem Wehen, und während die Luft noch beißt, daß die rauchenden Bäche schluchzen unterm bröckelnden Eis, tänzelt schon auf den Straßen der Märzenstaub. Mit dem neuen Jahr ist ein starker Geist eingezogen bei den Aspergern, und wir täuschen uns nicht, wenn wir vermuten, daß es Flattichs Geist ist, der in sie gefahren ist.

Der Pfarrer hat zu seinen bisherigen Ämtern

ein neues hinzugenommen. Er sagt es mit Stolz, daß er Haus-, Hof- und Schatzmeister bei seinen Bauern geworden ist! Sie kommen zu ihm, wenn sie Saatgut bestellen wollen, und er weiß, wo es gut und wohlfeil zu bekommen ist. Er ist nicht müßig gewesen im Winter und hat nach aller Herren Länder Briefe geschrieben, Saatproben bestellt, und für die Zweifler, die nicht glauben ehe sie sehen, hat er auf eigene Rechnung Ware gekauft, die in großen Säcken in der Pfarrscheuer liegt und den ungläubigen Thomasen gegen geringes Geld zur Verfügung steht.

Dann hat er Pläne aufgestellt zur Bestellung der Felder.

Dem kleinen Gütler, der wenig Land besitzt, rät er Flachs zu bauen, denn der Herzog will keinen mehr einführen von draußen.

Pfuscharbeit nennt Flattich den Ackerbau, der nicht auch Futterbau ist! Darum dringt er darauf, daß Klee angebaut wird.

Als seine Mittel nicht mehr ausreichen, die Sorten und Samen zu bestellen, borgt er Geld von seinen Amtsbrüdern und von benachbarten Gutsherren; kurzum, er ist ein Tausendsassa geworden aus lauter Menschenliebe, und wenn er bisweilen auch schlechte Erfahrungen macht mit einem, der ihn um sein Geld prellt, er nimmt es nicht krumm und hofft, daß der Sünder reuig wird und ihm das geborgte Geld wieder gibt, wenn ihn die Ernte reich gemacht hat.

Ökonomie, Saatplan, Futterbau und dergleichen Worte sind seine werktägliche Predigt, und am Sonntag fleht er mit seinen braven Leuten zu Gott um den himmlischen Segen.

Leuchtend wie ein rotblühender Kastanienbaum steht der Sommer im Pfarrhof. Die Felder draußen vor dem Dorf prangen in allen Farben, grün der Roggen, gelb der Raps, blau der Flachs und rot der ölbringende Magsamen.

Beim Heuen stellt sich der Pfarrer in den Dienst seiner Bauern, schindet sich Schwielen an die Hände, und zehnmal fährt er am Tag auf dem schwankenden Graswagen ins Dorf. Der Klee ist gut gediehen. Die Gütler tun sich Ziegen in den Stall, und die kleinen Bauern ziehen gerne das Kalb auf, das sie sonst dem Metzger gegeben hätten. Das sind gute Anfänge! Aber wartet nur erst ab, was die Ernte bringen wird!

Unterdessen hat Flattich Besuch bekommen.

Der Mann, den ihm der Kirchenkastenverwalter von Stuttgart ins Haus gelegt hat, ist ein seltsamer Gast und — kein guter, denn bald merkt es das ganze Dorf, was der Herr Kriegsrat Gegel in Asperg zu suchen hat. Steuern!!

Er läßt sich gründlich Zeit für sein Tun. Am Tage geht er hinaus auf die Felder, redet leutselig mit den Bauern, frägt, ob sie mit dem Jahr zufrieden sind, dann besucht er sie in den Häusern und Ställen, und schon hat er einen Kataster für Asperg angelegt, den er eines Tages dem Schultheißen zu lesen gibt.

Der findet den Kataster viel zu hoch für das Dorf, und da in dem Jahr auch Kriegs- und Salzsteuern eingezogen werden sollen, gibt er dem Kriegsrat zu verstehen, daß in Asperg nichts mehr zu holen ist! Der Herr Kriegsrat aber besteht auf seinem Kataster, die Bauern und der Schultheiß bestehen auf ihrer Weigerung.

Als Flattich erfährt, was der Kriegsrat in Asperg für ein Tun hat, stellt er ihn zur Rede. „Ich weiß nun, was Ihr in Asperg zu schaffen habt!" sagt er zu ihm, „Ihr nehmt meinen fleißigen Bienen den Honig weg. Ich trachte ihnen ihre Süßigkeit zu mehren und zu erhalten — und Ihr nehmt sie weg!"

„Wie redet Ihr mit mir?" erwidert der Gast; „ich bin Kriegsrat!"

„Mit Eurer Erlaubnis", sagt Flattich, „und — ich bin Friedensrat!"

„Ihr beklagt Euch mit Unrecht über die Steuern!" nimmt der Kriegsrat wieder das Wort. „Soll ich Euch an den Gulden erinnern, der nach Christi eigenen Worten des Kaisers ist?"

„Des Kaisers *ist!*" antwortet Flattich mit besonderer Betonung. „Aber von unseren Gulden steckt das erste Drittel Euer Kirchenkastenverwalter ein, das zweite der Minister, und der Rest mag dann an den Herzog fallen!"

„Ich werde noch ein andermal mit Euch reden!"

sagt der Kriegsrat,— und noch am gleichen Tag fährt er von Asperg ab.

„Es hat sich ausgegegelt!“ jubeln die Bauern.

Nun aber ist es Zeit, in die Ernte zu fahren!

Es ist so viel Korn gewachsen, daß man Fuhrleute, Drescher und Handlanger aus den benachbarten Dörfern kommen lassen muß, um den Segen hereinzubringen. Den ganzen Tag rumpeln die schwerbeladenen Wagen durch das Dorf. Viele fahren einen kleinen Umweg am Pfarrhof vorbei, um ihrem Flattich zu zeigen, was für einen Gewinn sie gemacht haben! Er steht am Fenster und dankt jedesmal dem Herrgott, wenn so ein fetter Wagen vorüberfährt.

Wenn der Acker geerntet ist, kommen die Sperlinge und begnügen sich mit dem, was sie noch an Körnern zwischen den Stoppeln finden. Die Steuerpresser des Herzogs aber sind keine bescheidenen Sperlinge — eines Tages sind sie im Dorf und der Herr Kriegsrat ist mit ihnen. Vorsichtigerweise logiert er diesmal im Wirtshaus. Zu seiner Bewachung hat er zwei Soldaten mitgebracht, die er auch anderswie brauchen will, sobald es nötig werden sollte. Er schickt seine Zettel in die Häuser, auf denen zu lesen ist, was der Bauer zu zahlen hat. Es bleibt ihm nicht mehr viel! Er wird gerupft, er wird gezwackt, und als er abgefedert ist wie eine Weihnachtsgans, heißt ihn der Herr Kriegsrat weiterhin fleißig sein! Da gerät Flattich in Zorn. Er schickt einen Boten an den Bruder des

Herzogs in Stuttgart und bittet ihn, den Kriegsrat abzuberufen! Die Antwort, die er am andern Tag erhält, lautet: Die Ruhe wahren. Der Herzog sei bereits in großer Bedrängnis durch die Landstände, die wegen der Steuern mit Rebellion drohten.

Nun zeigen sich die Folgen jahrelanger Vergeudung!

Als der Kriegsrat in Asperg vernommen hat, daß Flattich die Bauern in ihrem Widerstand bestärkt, verhängt er ihm eigenmächtig Hausarrest und stellt ihm einen Soldaten vor die Tür.

Das hindert Flattich nicht, seinen Gemeindekindern, die sich vor dem Pfarrhaus versammeln, eine Rede zu halten, in der er sie bittet, auszuharren, bis der Fürst seinen Willen geändert hat.

Der Kriegsrat ist aufs neue empört. Er schickt Flattich seine Soldaten ins Haus, läßt die Fenster schließen und die Läden zunageln.

Die Glocken läuten den Sonntag ein, einen bitteren Erntesonntag! Flattich legt seinen Talar an und will eben in die Kirche gehn, als sich der Herr Kriegsrat zu Besuch meldet.

„Die Ehre kommt mir zu ungelegener Zeit!" begrüßt der Prediger den Besucher unter der Tür.

„Ihr habt", antwortet der Kriegsrat dreist, „die Ehre, wann es *mir* gefällt!"

„Wohlan!" sagt Flattich bestimmt, „*nach* der Kirche!"

Da zieht der Anmaßende den Degen und hindert Flattich, aus dem Hause zu gehn.

Da sich der Auftritt vor der offenen Haustüre vollzogen hat, spricht sich das Geschehene wie Feueralarm im Dorf herum.

Die braven Asperger greifen zu ihren Sensen und kommen in großen Haufen vor das Pfarrhaus gelaufen. Der Kriegsrat läßt sich dadurch nicht schrecken, und dreister als zuvor tritt er vor den Pfarrer und verbietet ihm, in der Kirche zu predigen, weil er genau zu wissen glaubt, was Flattich predigen wird. Da gibt es neuen Lärm!

„Er ist doch Kriegsrat“, sagten die Asperger, „will er auch Kirchenrat werden?!“

Unterdessen hat der Herr Gegel Hilfe von seinen Soldaten bekommen, die von seiner Bedrängnis gehört haben, und der Streit wird ernsthaft. Da mischt sich der Gefangene selber ein und bittet seine Bauern, heimzukehren und diesmal auf die Predigt zu verzichten.

Der Kriegsrat wittert hinter Flattichs Worten eine List, und weil er gut weiß, daß er den Leuten ihre Kirche nicht vorenthalten kann, sendet er einen Boten ins nachbarliche Dorf, der den Pfarrer bitten soll, an Flattichs Stelle zu predigen.

Flattich ist es zufrieden, aber die Bauern wollen keinen anderen Prediger auf der Kanzel sehen, lassen den Boten laufen, und nachdem sich der Kriegsrat mit den Soldaten in sein Wirtshaus begeben hat, ziehen sie vor das Gotteshaus und nageln mit langen Zimmermannsnägeln die Kirchentür zu.

Noch nie ist unserem Flattich ein Sonntag so langsam verstrichen wie dieser Erntesonntag, auf den er sich ein Jahr lang gefreut hat. Er sitzt in seiner dunklen Stube und wartet auf das Unheil, das nicht ausbleibt, wenn der Herzog von den Geschehnissen erfährt. Es ist gegen vier Uhr nachmittags, als er in seinem Gefängnis vernimmt, wie sich draußen auf der Gasse seine Asperger versammeln. Er liest beim Licht einer Kerze von Petri wunderbarer Befreiung aus dem Kerker, und als er an die Stelle kommt, wo der Engel die Pforten des Gefängnisses sprengt, spürt er Cherubimskraft in sich; — im selben Augenblick hört er von draußen seine Asperger den lutherischen Choral „Ach Gott vom Himmel sieh' darein" anstimmen, — und er steht auf, schlägt mit eherner Faust gegen den genagelten Laden, tut auch so beim zweiten und dritten, daß sie aufspringen und die Luft peitschen wie flügelspreizende Adler, steht am Fenster und singt, noch ehe die draußen mit dem zweiten Vers beginnen, den vierten:

Darum spricht Gott: Ich stehe auf!
Die Armen sind verstöret,
Ihr Seufzen dringt zu mir herauf,
Ich hab' die Klag erhöret!
Mein heilsam Wort soll auf dem Plan
Getrost und frisch sie greifen an
Und sein die Kraft der Armen!

Gegen solche Gottesworte weiß der Kriegsrat, der das Schauspiel vom Fenster seines Wirtshauses mit verbitterter Miene ansieht, nichts auf den Plan zu stellen und schlägt seinerseits den Laden zu, denn nun muß er fürchten, daß man ihm eine Kirche hält, die ihm in die Ohren gellt wie Donner des Gerichts!

Dann beginnt Flattich zu sprechen. Er tröstet, rät und ermahnt, und sein Reden wird begleitet vom Seufzen, Stöhnen und Weinen der Ausgeplünderten, vom Knirschen des Zornes, der die Männer an der Seele würgt.

Gerechtermaßen vergißt er nicht, seine Zuhörer zu schelten, daß sie eigenmächtig die Kirche verschlossen haben, und schwört ihnen, daß Gott die Pforte selber aufreißen wird, wenn sie die Untat nicht wieder gutmachen.

Während er noch spricht, tröstet und mahnt, kommt einer eilends ins Dorf gelaufen und ruft: „Der Herzog kommt! Wir sind verloren!“ Einen Augenblick lang sieht Flattich das Schlimmste über sich hereinbrechen, die Asperger strömen auseinander, greifen nach Steinen auf der Straße, um sich gegen ihre Quäler zur Wehr zu setzen, da reißt sie Flattich mit einem einzigen Wort zurück, mahnt sie zu beten, und schützend hält er seine Hände über sie, während das Getöse des Hufschlags der herzoglichen Reiter näher und näher herandonnert.

Mit einem Male ein Schrei wie Entsetzen und

Jubel zugleich! Als hätte der Blitz in die Gasse geschlagen, stieben die Asperger nach zwei Seiten auseinander, räumen die Straße, und mitten hindurch sprengen die herzoglichen Reiter ohne anzuhalten, der Wagen des Herzogs schwankt um die Ecke, und erstaunt sieht der Fürst, der sich zur Staatsberatung auf die Solitude begibt, seine Asperger zur Begrüßung auf der Straße aufgestellt und bedauert nur, daß er keine Zeit mehr findet, den Hymnus anzuhören, den ihm der Schulmeister bei solchen Gelegenheiten durch die Schulkinder singen läßt!

Ehe die braven Leute zur Besinnung kommen, ist der Herzog vorbei, und eine gelbe Wolke Staubes verschlingt ihn und seine Reiter hinter dem Dorf. Flattich läßt die ausgestreckten Hände sinken, die Asperger schauen sich erstaunt in die Gesichter, — und nur der Kriegsrat hinter seinem verschlossenen Laden hat von allem nichts gemerkt und keine Gelegenheit gehabt, vor seinem Herrn zu salutieren.

Nachdem die Furcht von den Gesichtern gewichen ist, kommt ein neues Geschrei in Lauf, aber diesmal kein angstvolles, sondern eines der höchsten Verwunderung, des frommen Schauderns. Flattichs Wort von der verschlossenen Kirche, die Gott selber öffnen wird, hat sich auf seltsame Weise erfüllt. Der Donner der Kavalkade hat den Boden so gerüttelt, daß das Portal der Kirche eingebrochen ist und die vernietete Tür unter Schutt und eingestürzten Trümmern zerschmettert liegt. Gott hat seine Kirche im Zorn wieder aufgerissen!

In der Nacht nach dem Geschehnis hat der Herzog zum ersten Male in seinem Leben den Willen gebeugt vor seinem starken Volke und beschlossen, die unerträglichen Steuern aufzuheben.

Zu den Obliegenheiten des Pfarrers von Asperg gehörte es, den Gefangenen auf der Festung über dem Ort seelsorgerischen Besuch zu machen.

Wenn Flattich den kleinen Berg, den man den Hohen-Asperg nennt, betrachtete, dann fiel ihm die bekannte Redensart vom höchsten Berg im Land ein, denn einer der dort hinaufgeht, kann vor fünf Jahren nicht mehr herunterkommen. Gemeint war aber nicht die Höhe, das versteht sich, glich der Berg doch einer Warze auf der Haut des Landes, sondern die Dauer der Festhaltung oben, wo sich Staatsverbrecher, Mörder und Gaudiebe einfinden mußten.

Als Flattich den Weg zur Höhe antrat, die damals noch nicht mit Rebstöcken bepflanzt war wie später, sah er nur *einen* Gefangenen vor seinem Geist, und dieser verdankte seine Gefangenschaft einer bösen Rache des Herzogs, weil jener einen kleinen, fast harmlosen Scherzreim auf den Fürsten in einer Zeitschrift veröffentlicht hatte, die zudem außer Landes gedruckt worden war.

Der Mann, der ein Meister des Wortes, ein wildes Gemüt und ein unerschrockener Hautsdrein war, büßte seinen scherzhaften Einfall mit vielen Jahren auf dem Berg.

Zuerst hatte man ihn in ein Gewölbe des Turmes versenkt, wo die ewige Nacht war, dann zog man ihn langsam in die Höhe, wo man ihm sogar ein Zimmer mit Aussicht und einem Clavichord gewährte. Frau und Kinder durfte er nur einmal im Jahr auf kurzen Besuch sehen.

Der Mann hieß Christian Friedrich Daniel Schubart, einst Schulmeister von Beruf, später Kapellmeister am herzoglichen Hof in Ludwigsburg, zuletzt Redaktor, was er selbst für einen empfindlichen Abstieg hielt.

„Mit der Schreiberei stößt einer immer an", pflegte Flattich zu sagen, „denn ist der Mann begabt, dann kriegt er zunächst Feinde und Neider. Schreibt er gar so etwas wie die wirkliche Wahrheit, dann steht gleich der amtliche Kappenschild vor seinem Haus, um ihn im Namen des Staates zu erlangen."

Der Weg zum gefangenen Dichter und Musikanten fiel dem Pfarrer schwer.

Er hatte es bei ihm mit einem gestürzten Genius zu tun, dem wohl die Flügel gebrochen, aber kein Hundsfott geworden war. Da war es schwierig, Trost zu sprechen und die Ruhe des Gemütes zu empfehlen.

Man führte den Pfarrer, als er oben in der Festung angekommen war, in das Zimmer des Gefangenen, visitierte ihn, ob er vielleicht Papier und Tinte bei sich habe, und ließ ihn mit allerlei Vorschriften passieren.

Der Dichter Schubart saß, als Flattich eintrat, an einem kahlen Tisch und schrieb dort Briefe, die man ihm nach der Fertigstellung sogleich wieder abnahm und sekretierte. Sein Gesicht war blaß und dick.

„Grüß Gott, Pfarrer“, sagte er, als sich Flattich ihm näherte, „Ihr seht, ich übe mich im Stil. Das ist nicht wenig für einen Mann, der sich stets zu üben hat in der Kunst, die er sich erwählte.“

„Diese Übung“, erwiderte Flattich, „ist die Dressur des geistigen Kauens. Übrigens darf ich Euch als Euer Seelsorger auf Distanz zum physischen Kauen ein Dutzend guter Würste und zwei Bouteillen Wein mitbringen, und das nur, weil ich ein Geistlicher bin, was wieder ein Vorzug ist, wie ich zu meinem Erstaunen erlebt habe.“

„Ihr bringt mir mehr als Würste und Wein“, erwiderte der Dichter, „hinter Euch steckt ein christlicher Praktikus, und auf einen solchen kommt es in einer so traurigen Lage wie der meinigen ganz vorzüglich an. Hat doch auch Christus die Hungernden gespeist. Ich fange aber mit dem Essen nicht an, bis ich sehe, daß Ihr kräftig mithaltet.“

„Ihr habt nicht unrecht“, sagte Flattich lächelnd, „wenn wir die Sachen schnell wegessen, dann darf ich Euch bald wieder besuchen und Euch neue Zufuhr bringen. Wohlauf denn!"

„O Gott", sagte der Dichter und schlug mit der Hand auf den Tisch, „Ihr seid ein Schlaukopf von einem wackeren Christen. Ich darf Euch gestehen, ich habe darum gebetet, daß Ihr mich besuchen durftet. Nun seid Ihr da. Ich danke Gott."

„Ich danke mit Euch", sagte Flattich, sprach ein kurzes Gebet, zog ein schlankes Brot aus seiner langen Tasche, die beinahe unergründlich war, zauberte auch Salz, Pfeffer und Senf aus ihr hervor, sowie Besteck für zwei Esser.

Sie aßen mit großem Appetit.

Flattich lobte die schöne Aussicht aus dem Fenster, aber auch die Einsicht, die der Mensch in seinem Herzen veranstalten müsse, wenn es irgendwo einen Herzog gebe, der nun einmal keinen Spaß verstehe, weil der Schulmeister über den Menschen gekommen sei.

„Ich rede natürlich von Indien, lieber Schubart", sagte Flattich, „und Ihr versteht Euch doch auf Anspielungen als ein Mann der Feder."

Schubart lachte und bekannte, daß er zum erstenmal seit seiner Inhaftierung von Herzen lachen könne.

„Laßt mir mitteilen, lieber Schubart, wenn Ihr weinet, und sogleich bin ich da", sagte Flattich, „um wieder ein wenig mit Euch zu lachen. Denn seht, auch Gefangenschaft oder ‚Bewahrung', wie man es so höflich nennt, bewahrt den Menschen vor allerlei, worunter auch die blitzenden Einfälle zu rechnen sind, die einem dann und wann durchs Gehirn kreuzen. Eure prächtigen ernsten Gedichte rechne ich nicht zu diesen."

Schubart lachte an dieser Stelle von Flattichs Rede mit Einsicht.

Flattich blieb noch eine Stunde bei dem Dichter sitzen und erzählte ihm mancherlei Munteres aus dem ansonst traurigen Menschenland, mit dem er es unten zu tun hatte in der sogenannten Freiheit des braven Bürgerlebens.

Seinen nächsten Besuch stellte er sogleich in Aussicht, denn die mitgebrachte Ware war bereits gegessen.

Der Gefangenenwärter trat ins Zimmer und kündigte an, daß die Besuchszeit zu Ende sei.

5

Zwei große Bauernleiterwagen, der erste mit einigen Betten und Möbeln, der zweite mit vielen Büchern und etlichen Menschen beladen, rückten auf der Poststraße von Stuttgart nach Heilbronn, ungefähr eine halbe Meile oberhalb von Bietigheim, wo das lehmige Gelände sanft absinkt, auf den Bremsschuhen knirschend nur langsam von der Stelle.

Die Auszügler, die sich in dem zweiten Wagen befanden und recht vergnüglich miteinander plauderten, waren Pfarrersleute, die ihren Wohnsitz und ihre Gemeinde mit einer anderen vertauschen mußten. Solchen Wanderzügen begegnete man zu jener Zeit häufig auf den schwäbischen Landstraßen, und die merkwürdige Erscheinung war auf nichts anders zurückzuführen als auf den allmächtigen Willen des schwäbischen Konsistoriums, eines recht eigenwilligen Institutes, das den einzelnen Pfarrern entweder mit wohlbegründeter Abneigung oder mit kaum begründeter Zuneigung ihren neuen Wirkungsort anwies, der manchmal sehr weit, öfters aber lächerlich nahe vom alten Platz gelegen sein konnte!

Mit Beginn des neuen Frühjahrs hatte Flattich seine Versetzung bescheinigt bekommen, und er ging nicht fehl, wenn er sie in Zusammenhang brachte mit den Vorgängen des vergangenen Sommers, seinem Streit mit dem Kriegsrat und dem damit verbundenen Aufsehen, das er gemacht hatte.

Vater Bengel war schon im verwichenen Frühjahr gestorben, und nun hatte er keinen Schutz mehr bei seinen Vorgesetzten, ja, es war möglich, daß man ihm seines nahen Verhältnisses zu Bengel wegen sogar unlieb gesinnt war. Die neue Richtung, die im Konsistorium nach Vater Bengels Heimgang an die Leitung gekommen war, war unbengelisch bis ins Gegenteilige, ganz auf nüchterne Moralpredigt und verstandesmäßige Auslegung der Schrift eingeschworen, — da war für einen einfältigen Gläubigen und Täter des Wortes wie Flattich keine Liebe mehr vorhanden.

Flattich ließ es sich gern gefallen, daß er bei den Herren in Ungunst geraten war. Es tat ihm nur leid um sein Asperg, wo nun ein anderer die Früchte seines Fleißes ernten konnte, einer, der vielleicht seine Arbeit gar nicht schätzte oder fortzuführen imstande war. Der Abschied war ihm schwer gefallen, dennoch konnte er sich mit der Hoffnung trösten, mit den einzelnen in Verbindung bleiben zu können, da der Ort seines neuen Wirkens nicht allzuweit von Asperg entfernt lag und die Strecke sozusagen an einem Vormittag heruntergelaufen werden konnte!

Metterzimmern hieß der neue Ort und war ein achtbares, nicht gerade armes Dorf, auf den Vorhügeln des Stromberges gelegen und nach der Metter genannt, einem kleinen Bach, der in die Enz mündet.

Was war natürlicher, als daß er sich mit Margarete über die Veränderung seines Lebens unterhielt, Hoffnungen und Pläne hatte, desgleichen die Frau, die sich in dem trostlosen Asperg doch ein wenig übel befunden hatte, wenn sie auch nie hatte klagen wollen.

Unweit von Bietigheim kam den Auszüglern von der Heilbronner Richtung ein ganz ähnlicher Wagenzug entgegen, allerdings waren es bei den Entgegenreisenden drei statt zwei Wagen, und ehe sie sich noch gegenüberstanden, erkannte Flattich auf dem ersten der Wagen den Amtsbruder aus Metterzimmern, den er abzulösen hatte, und der seinerseits im Begriffe war, eine Stelle im Tübingischen anzunehmen. Der Metterzimmerner erkannte ebenfalls sofort den Asperger; die Fuhrleute brachten die Pferde zum Stehen, die beiden Pfarrer sprangen von den Wagen, um sich auf der Straße zu begrüßen. Der Metterzimmerner führte außer seiner kleinen kugeligen Frau zwei Dienstboten und eine kleine Schar von Kindern mit sich, die über die Unterbrechung der Reise sehr entzückt waren und sich sogleich an den warmen Rainen neben der Straße ans Veilchensuchen machten.

Es ließ sich kaum ein größerer Gegensatz der Physiognomie und Gestalt denken, als er zwischen den beiden Pfarrern bestand. Der Metterzimmerner ein sehr großes und gut gewampetes Mannsbild mit einem roten Gesicht und feistem Doppelkinn, in einem alten abgeschabten Rock steckend, der ihm schon längst zu klein geworden war und an allen Nähten in die Brüche ging — daneben unser kleiner Flattich auf seinen kurzen, fast dünn zu nennenden Beinen, bewegt und lebhaft gestikulierend, wo jener, ein gigantischer Fleischberg, gleichsam mit Gipfelruhe über ihn hinwegzuschauen halb und halb gezwungen war. Das Gespräch ging ihren Individualitäten entsprechend denn auch sehr eigenartig vor sich. Flattich war der fragende, unentwegt redende Teil, der andere aber antwortete kaum, und wenn schon, dann mit merklicher Unlust und nicht geringem Zynismus, wie ja nicht anders zu erwarten war, denn die Rede ging über die Ortschaft Metterzimmern, die der Koloßpfarrer gern verließ, weil sie ihn in mancherlei Hinsicht enttäuscht hatte.

Er ließ auch ganz offen durchblicken, daß die Arbeit in dem buckligen Nest, wie er's nannte, ganz gehörig, die Besoldung und die Freigaben der Gemeinde an Holz und Wein sehr gering seien, weshalb er sich freue, es im Tübingischen besser zu treffen. Als Flattich fragte, wie groß denn die Freigaben seien, gab der Koloß einige Zahlen an, die Flattich sehr verwunderten, jedoch nicht nach ihrer Kleinheit, sondern nach ihrer Größe hin. Nun, der scheidende Metterzimmerner war auf jeden Fall unzufrieden, was auch einigermaßen erklärlich war, wenn man ihn ansah, — wie ja die Beurteilung der Portionen immer schwankt je nach der Person des Essenden.

Nachdem nun noch einige bürokratische Fragen, die Gemeinde betreffend, zwischen den beiden beredet worden waren, wobei sich der Metterzimmerner aus wohlbegreiflichen Gründen hütete, ins Detail zu gehen, war der Scheidende der Meinung, daß der Freundlichkeit genug sei, worauf er seinen Dienstboten und Kindern pfiff, zurückzukommen, nochmals einen verächtlichen Blick auf das bucklige Dorf warf und Flattich zurief, daß es in dem abscheulichen Nest auch einige Pietisten gäbe, um sich dann mit viel Mühe und großem Ächzen wieder auf seinen Wagen zu schwingen, herzlich froh, in das gelobte Tübinger Land abreisen zu dürfen.

Die runde kugelige Frau des Metterzimmerners hatte nicht gewagt, sich ihrerseits mit Flattichs Frau zu unterhalten — sie stand offenbar in strenger Zucht, auch in bezug auf die Zunge —, dennoch hatte sie mit den Augen freundlich von ihrem Wagen herüber gegrüßt und manchesmal zu den Äußerungen ihres Herrn Gemahls durch unzweideutiges Mienenspiel ihre eigene andere Meinung von der Sache kundgegeben.

Flattich war mit den Auskünften zufrieden, er hatte in seiner neuen Gemeinde eher bessere Verhältnisse anzutreffen als in Asperg, und was die ungenehmen Pietisten betraf, wegen denen der stattliche Pfarrer das Dorf verachtete, so hoffte er, sich mit ihnen auf guten Fuß zu stellen, denn er war selber auf dem besten Wege, einer zu werden, ohne sich einen Scheuklappengaul nennen lassen zu müssen!

Was ist ein Pietist? Wir wollen an dieser Stelle am besten Flattich selber darüber sprechen lassen. Er hatte vor Jahren ein Verslein gemacht. Es lautete:

Was ist ein Pietist?
Nichts als ein frommer Christ,
Auf den der Herzog schlägt,
Dem man den Beutel fegt,
Der den Soldat logiert
Und dabei selber friert!
Wen wundert's, daß er gern
Sucht einen besseren Herrn
Und find't in Jesus Christ?
Das ist ein Pietist!

Mittlerweile hatten sich Flattichs Wagen dem Pietistendorf, das jenseits von Enz und Metter lag, auf Büchsenschußweite genähert; ein paar halbwüchsige Burschen, die auf der Straße lauerten, hatten den Ankommenden als ihren neuen Pfarrer erkannt, liefen stracks in das Dorf und meldeten mit lautem Gejohle seine Ankunft, worauf die Metterzimmerner, soweit sie sich zur Kirche hielten, aus ihren Häusern traten und Flattich beim Schall der Glocken, die ihm zu Ehren mächtig in Schwung gesetzt wurden, neugierig und freundlich begrüßten.

*

Bald nach seinem Aufzug in Metterzimmern machte Flattich den Gottesfreunden seinen Besuch. Im Garten des Bauern Nothwang saß die kleine Pietistenschar unter blühenden Obstbäumen. Da der Garten an einer sanft abfallenden Halde gelegen war und unten die Metter durch eine liebliche Schlucht rauschte, drängte sich dem Besucher der Vergleich mit dem Ölberg und dem rauschenden Bach Kidron auf, — was nicht verwundern darf, da man sich doch in der Karwoche befand und das Wetter so recht karwöchig mit einem düsteren Klagehimmel auf Tälern, Hügeln und der schimmernden Baumblüte lag.

Die Gottesfreunde waren über Flattichs Erscheinen nicht im geringsten verlegen, ja, da sie vermuteten, daß er Spionierens halber komme, eher mißtrauisch als freundlich gegen ihn gesinnt.

Nothwang, der Herr des Gartens, fuhr nach

dem Hinzutritt des Pfarrers unbehindert fort in der Lesung der Schrift, nickte dem Teilnehmer nur ein wenig über die Brille zu, schloß dann das Buch und trat mit seinen beiden Beisitzern, dem sanftmütigen Holderieth und dem alten Göttle, die rechts und links von ihm auf der Bank saßen, in geistliche Konversation über die Schriftstelle.

Es war die Verhandlung von Christi Gefangennahme auf dem Ölberg, vom Verräter Judas, vom Schwerthieb des Petrus und der anschließenden Heilung des Malchus.

Der alte Nothwang tat nun nichts anderes, als daß er seine beiden Beisitzer durch geschickte und wunderliche Fragen zum Reden nötigte.

„Was dünkt Euch um Christi Gefangenschaft?“ fragte er gleich zu Anfang. Der alte Göttle, ein kahlköpfiger kleiner Greis mit wasserhellen Kinderaugen, blickte bedächtig vor sich nieder und fing nach einiger Zeit an:

„Christi Gefangenschaft ist eine immerwährende, beständige, unaufhörliche bis an das Ende der Welt! Sehet, sie ist eine innere und eine äußere! Seine äußere Gefangenschaft hat der göttliche Herr in dieser Welt allezeit durch die Raufkönige und Gewalthaber, durch die Spötter und Spotthörer, die Gifter und Giftmischer, durch die Bedrücker der Armen!

Sie und ihre Helfer machen ihm streitig das Recht auf den zeitlichen und ewigen Menschen. Die Buhlerschaft der Gewaltigen mit dem Mammon, der Venus und dem martialischen Teufel ist so groß und die Wonnen, die ihnen durch die Buhlerschaft zufließen, machen sie so trunken, daß sie in ihrer Trunkenheit sich vermessen, dem Allmächtigen gleich zu sein! Doch gedenket auch des großen gleichgültigen Haufens, der ist wie der Sand am Meer, der losen Gimpelfänger, der Milchwässerer, der gedankenlosen ‚Soso'- und ‚Ach Gott'-Schwätzer! Sie alle setzen den Herrn Christus in die zeitliche Gefangenschaft, und zu guter Letzt lehnen sich die elendesten Faulpelze noch an die Tür, hinter der er gefangenliegt, und halten sie mit ihrem kugelrunden Rücken zu!

Das ist die *eine* Gefangenschaft —" wiederholte der Greis, und sich an seinen Nachbar, den sanftmütigen Holderieth, wendend, sagte er: „Und jetzt sag du von der *andern!*"

Der sanfte Holderieth wußte nicht weniger trefflich zu reden und sagte:

„Ihr lieben Brüder und Schwestern, wenn wir auch dem Herren Christus, unserem König, keine äußere Gefangenschaft verhängen, so haben wir ihn um so mehr in der inneren, und zwar ein jeder von uns! Du schlägst ihn in Ketten durch dein Knirschen, Reißen und Toben, du schwichtigst ihn durch fromme Lügnerei, du mit Opfer und Almosen, du mit Pharisäerei, du bedeckest und erstickest ihn mit schönen Kleidern und Putz, du drückst ihm deines Hochmuts stechende Krone auf, du schlägst ihn gar, weil er dir nicht geholfen hat, du schiebst ihn hinaus, weil er dir zu unguter Stunde gekommen ist! Wir alle schlagen ihn ans Kreuz allstündlich!“

Nachdem der Holderieth auf diese Weise gesprochen hatte, stimmten die Gottesfreunde einen Gesang an, in den sich Flattich herzhaft einmengte. Die Art und Weise, von Christi Marter als von einer gegenwärtigen und unaufhörlichen zu reden, sprach ihn sehr an. Mit einemmal merkte er, daß ihm diese „Gegenwart“ Christi immer gefehlt hatte, wenn er predigte. Er hatte von Christi Leiden gesprochen als von einem längst Geschehenen, und mit aller Mühe nicht so zum Herzen der Menschen vordringen können wie diese einfältigen Pietisten.

Während er noch in Betrachtungen darüber versunken war, hatten die Freunde ihr Gespräch zu dreien wieder miteinander aufgenommen.

Nun war die Rede vom Schwerthieb des Petrus. Der Göttle sagte:

„Wenn einer zum Glauben erwacht, so ist doch zuerst der ganze alte Mensch noch in ihm! Und der ist voller Ungestüm! So kommt es, daß die neugewordenen Jünger des Herrn gleich Petrus mit großem Jäst dreinfahren, wenn der Herr einmal angefochten wird! Dem Herrn aber ist nicht geholfen mit menschlichem Ungestüm. Er hilft sich selbst und braucht den Menschen nicht! Wohl ist es ein guter Zug, wenn einer für seinen Herrn mit der ganzen Kraft seiner Natur eintritt, aber es ist nichts Gutes damit getan, wenn man für Christus mit dem Schwert ficht. Man vermehrt nur die Feindschaft auf der Welt, an der wir gerade genug haben. Christus ist aber der Stifter der Freundschaft. Darüber ist es eine Anmaßung, wenn einer für den Allmächtigen streiten will, für den die Engel streiten, ihrer zehntausend, wenn er sie ruft! Der Mensch soll nicht ein Arm Gottes sein, sondern Gottes Diener, indem er seine Gebote erfüllt! Noch einmal sag ich's: Die jungen, neugebackenen Christen sind's zumeist, die für den Herrn mit menschlichem Jäst und Ebermut dreinfahren, und an diesem Zeichen ist ihre Jungheit leicht zu erkennen!"

Als der alte Göttle so gesprochen hatte, fuhr der milde Holderieth fort:

„Das Reich Gottes ist keine Burg, die vom Satan umstellt ist, also daß die Christen sie verteidigen sollen! Der Herr hat keine Sorge um sein Reich. Er läßt es zu, daß die Bösen ungestüm wüten und gegen ihn eifern — und in einer Stunde schlägt er sie alle! Das Reich Gottes ist eine immerfort wachsende Stadt, und ihre Tore sind über, unter und auf der Erde. Ihre Straßen gehen quer durch unser Herz und an ihren Zinnen baut unser Glaube. Die Bausteine aber reichet uns Gott — und sie sind behauen für die Ewigkeit!"

Was der Göttle über den Arm Gottes gesagt hatte, gefiel Flattich über die Maßen. Er hatte in Asperg bisweilen stark die Versuchung gespürt,

Gottes Arm sein zu wollen, und hatte erfahren, was jeder Petrus erfahren muß: Gott hatte ihn geheißen, das Schwert einzustecken.

Still und unauffällig, wie er gekommen war, ging Flattich wieder aus dem Garten der Gottesfreunde. Daheim hatte er ein langes Gespräch mit Margarete.

„Es muß vieles anders werden mit mir!“ sagte er: „Da bin ich bei den frommen Leuten gewesen und habe gesehen und gehört, was für ein lebendiger Quell der Liebe und Wahrheit von ihnen ausgeht! Mit keinem von ihnen kann ich mich messen!“

Die Frau war sehr bestürzt über seine bußfertige Zerknirschung und fragte ihn: „Was haben sie denn gesagt?“

„Das ist's gerade“, antwortete er, „ich könnt' es nicht einmal wiederholen, so ganz von innen war's, so ohne alle Kopfklugheit. Noch weniger ist's möglich, daß in mir solch ein Quell aufbricht! Kannst du mir sagen, woran es mir fehlt, Margarete?“

Er hatte immer ein großes Vertrauen in ihr Urteil, denn sie wog die Menschen nicht nach ihren Künsten und Talenten, sondern ganz nach dem, was ihr Herz wert war.

Es machte ihr ziemliche Mühe, ihm zu sagen, in was er ermangelte, da er sie aber inständig bat, überwand sie ihre Scheu und antwortete:

„Mich dünkt, du willst manchesmal unseres Herrgotts starker Michel sein und fährst dabei drein wie der Teufel selber!“

„Du sagst es, Margarete! Ich danke dir!“ gestand er ihr, und nach einer Weile fing er an, ihr alle seine inneren Unarten zu beichten, daß sie große Mühe hatte, ihn zu trösten und wieder aufzurichten.

„Ich weiß es sehr wohl“, bekannte er, „an allem ist mein Ungestüm schuldig! Du hast es ja am Tag vor unserer Hochzeit gleich zu spüren bekommen! Ich schäme mich der Flegeltat bisweilen nachts, wenn ich wachliege, so sehr, daß ich in der Dunkelheit rot werde!“

„Es ist sonderbarlich“, entgegnete darauf die Margarete lächelnd, „auch mir ist ein Denkzettel von der Zeit her geblieben. Allemal, wenn ich hart und böse gegen dich werden möchte, brennt mich die Wange, die du mir geschlagen hast, wie Feuer!“

„Also haben wir beide unseren Pfahl im Fleisch an dieser Stelle“, fuhr er fort, „und wir müssen sehen, daß wir ihn herausziehen! Die Schuld aber trage ich ganz allein. Sieh, der alte Göttle hat gesagt, an seinem Ungestüm erkenne man die Jungheit eines Christenmenschen. Ich will nun mit der Jungheit ein Ende machen und mit Fleiß in die Jahre kommen, von denen man sagt, daß sie köstlich werden müssen! Wie fang ich's nur an?“

„Könntest du nicht“, meinte die Margarete,

„dir einen Zügel anlegen, wie man den jungen Rössern tut?“

„Weißt du mir einen?“ fragte er.

Sie sagte: „Es muß begreiflicherweise ein unsichtbarer Zügel sein! Zum Exempel: eine Gebärde!“

„Da hab’ ich jetzund“, antwortete er, „den richtigen Weg vor mir“ — blieb aber inmitten des Satzes stecken, legte den Finger an den Mund und glaubte, er hätte es schon gefunden!

„Da hab’ ich jetzund“ — fing er wieder an, „hörst du’s, Margarete, wenn ich das Sätzlein allemal sagte, wenn ich ungestüm werden will, ich glaube, es wäre dann ein wenig Zeit gewonnen, und schon kommt’s nicht so heiß hervor, was ich sagen oder tun will!“

„Da hab’ ich jetzund“ — wiederholte er lächelnd und glücklich — „Du bist doch ein gutes und rechtschaffenes Weib!“ fuhr er dankbar fort. „Und vielleicht muß ich nun künftig nicht mehr so viel rot werden in der Nacht. Denn die Scham, die man mit sich allein hat, brennt immer am heißesten!“

6

Der einstige Pfarrer von Metterzimmern hatte Flattich eine schlimme Erbschaft hinterlassen: eine Gemeinde, die sich ums Gotteswort wenig kümmerte, ein übel zugerichtetes Pfarrhaus und einen ausgerauften Garten.

Sein wertvollstes Hinterbleibsel war ein neugebauter Stall, den er nicht mitnehmen konnte, ein deutliches Zeugnis, daß er sich um die Schweinemast mehr gekümmert hatte als um die Seelenspeisung. Die Metterzimmerner waren gewöhnt, in ihrem Pfarrer eine Drohne zu sehen, die vom Konsistorium in das Dorf gesetzt wurde und nur zu Zeiten der Kirchweihe als Herrgottsbüttel auftrat, wenn die bäuerliche Lust einmal über das Maß zu quellen und alle gute Sitte zu ersäufen drohte!

Solcher Art sind die Früchte, die ein Mietling Gottes hinterläßt!

Eines Abends, als unser Flattich sich grämte und sorgte, wie er die Herzen der Metterzimmerner gewinnen könnte, kam ein Besuch von Asperg. Der Mann war ein früherer Nachbar des Pfarrers und lange Zeit ein Sorgenkind der Seelsorge gewesen, nun war er ein ganzer Mann und Christ geworden. Wenn in früheren Jahren die Rede von ihm war, sagte jedermann nur verächtlich „Ach, der Motz!" — nun aber hieß es „Ja, der Motz!" Und das klang ganz anders!

Unser alter vertrauter Motz kam zu Flattich und klagte, daß das Asperg in der kurzen Zeit nach Flattichs Wegzug vollends ein Aschenberg geworden sei, weil sich der neue Pfarrer weder auf die Bibel noch auf die Asperger verstünde!

„Ach", seufzte Flattich, als er die Nachricht hörte, „ein Altes sehe ich zugrunde gehen und ein Neues will nicht gedeihen! Was ist mir geblieben? Mein Asperg habe ich verloren und Metterzimmern kann ich nicht gewinnen; ich bin ein Hirt ohne Herde und werde noch am Ende vom Herrgott verstoßen werden!"

Der Motz war redlich bekümmert, daß er seinem geliebten Pfarrer keine bessere Nachricht bringen konnte, und sagte in seiner Einfalt: „Es sind doch in beiden Gemeinden Schäflein genug, die auf einen Hirten warten. Könntet Ihr nicht die guten Asperger und die guten Metterzimmerner auf einen Haufen treiben und mit ihnen zusammen auf die Weide gehn?!"

„Der Gedanke ist nicht schlecht", antwortete Flattich, „mein Herz ist hüben wie drüben, aber mein Amt ist nicht teilbar!"

„Ein rechter Schafhirt ist immer unterwegs", wendete der Asperger ein.

„Da hat Er was gesagt!" erwiderte Flattich, — „ich darf aber eurem neuen Hirten nicht ins Gehege kommen!"

„Herr Pfarr", meinte der Motz treuherzig, „mit einem Fuß in Asperg und mit dem andern in Metterzimmern könnt Ihr nicht stehn, aber mit beiden Füßen könnt Ihr von Metterzimmern nach Asperg laufen und wieder zurück!"

„Wär es da nicht besser", fiel ihm Flattich aufgeregt ins Wort, „wir kommen uns beide auf Weges Hälfte entgegen und treffen uns dort, wo es keine Gesätzel gibt, auf unseres Herrgotts großem Anger —?"

„Oder sagen wir gleich — am Schmätzlesbrunnen beim Bissinger Wald!" schlug der Motz eifrig vor.

„Wie gut, daß Ihr schon einen fertigen Plan habt, Motz!" rief Flattich begeistert, — „ich will euch jeden Sonntagnachmittag eine Asperger Predigt halten, solange es der Himmel leiden will in diesem Sommer! Mögen uns, wenn es nicht anders geht, die Hummeln zur Kirche läuten — am Schmätzlesbrunnen! Ich tu's um Gottes Willen!"

Der Motz küßte ihm überschwänglich die Hand, ließ sich nicht einmal mehr zu einem

Trunke nötigen und eilte gleich aus dem Haus, um den Aspergern noch in der Nacht die gute Nachricht zu verkünden!

„Schau mir einer den Motz an“, sagte Flattich, als der Gast gegangen war, zu seiner Frau, „wie viel edles Gold steckt doch unter dem kalten Aschenberg, in dem Asperger Schlackenhaufen! Ich habe geglaubt, es sei alles verloren, und darf auf einmal erleben, daß ein ganzer Himmel voll Seligkeit herunterkommt auf mich verstoßenen Hirten!“

Die Metterzimmerner Gottesfreunde hatten in kurzer Zeit ein freundliches Zutrauen zu ihrem neuen Pfarrer gewonnen. Es war wohl darauf zurückzuführen, daß er sich nicht hochmütig von ihnen ferngehalten, sondern höflich und bescheiden zu ihnen gekommen war, wie es sich für einen Menschen ziemt, der weiß, wie wenig die Kopfgelehrtheit wert ist in höheren Dingen. Flattich war zwar offen genug, ihnen seine Nöte mit der neuen Gemeinde und seine Sorge um die Asperger Hinterlassenschaft anzuvertrauen, und zugleich enthüllte er ihnen seinen Plan, sich mit den Aspergern unterwegs zu treffen. Da waren sie Feuer und Flamme, sagten sogar ihre eigenen Erbauungsstunden ab und beschlossen, mit ihm den Aspergern entgegenzuziehen, wie es bereits mit Motz vereinbart worden war.

Sehet sie nun am frischgeschnittenen Maienstecken, die Männer frohgemut und die Frauen erwartungsfreudig, nach der sonntäglichen Mittagsstunde von ihrem heimatlichen Hügel herunterklettern, Hillers fromme Weisen singend, zwischen den blühenden Weißdornhecken im Enztal hinabwandern zur Bissinger Fähre, wo sie übersetzen, um drüben im gleichen Blust wieder die Hügel hinaufzusingen und noch eine halbe Stunde durch die Felder und Wiesen zu wandern, bis sie den Brunnen erreichen, wo sich die Asperger bereits versammelt haben und nicht wenig erstaunt sind, daß ihr Prophet schon so eine große Schar von Jüngern in seiner neuen Gemeinde gefunden hat!

Wer nichts weiß vom Geiste der Erweckung und der pfingstlichen Liebesflamme der Kinder Gottes, mag die Überschwänglichkeit getrost belächeln, die sich der Seelen bemächtigt, wenn der Strom der Gottesliebe ein neues Bett findet und die Wogen der herzlichen Leutseligkeit mächtig ineinanderschlagen! Die Metterzimmerner Gottesfreunde begrüßten die Asperger Leute auf so herzliche und brüderliche Art, die Männer umarmten sich und die Frauen verküßten sich gar, daß Flattich selig verwundert inmittenstand und sich immer wieder fragen mußte, wie nur alles so von ungefähr gekommen war.

So ist es mit dem Geiste, der göttlichen Lebens ist, er weht von ungefähr, — nach der Schwüle regt sich mit einem Male die Luft, und niemand ist da, der sie regt, der Atem Gottes ist erlöst und die Kreaturen lodern auf in mächtiger Liebesflamme!

Mit einem Male sind die Menschen licht, und wenn sich das Licht auch bald wieder in der nachwachsenden Trübung verliert, — es bleibt noch lange ein Schein davon im Herzen, und er ist's, von dem wir zehren, wie das Heute zehrt vom ersten Aufgang der Sonne am Schöpfungsmorgen.

Die vereinten Freunde hatten sich unterdessen auf dem Wiesenbühel im Schatten des Waldes in einem Halbkreis niedergelassen, und Flattich sah zu seiner Überraschung sogar ein kleines Lesepult aus Buchenstecken gebildet und mit grünem Laubwerk durchflochten inmitten des Halbkreises aufgebaut, ein kleines Kunstwerk, das die Asperger vor seiner Ankunft gebastelt hatten, damit er sich beim Lesen leichter tue.

Er mußte sich an die neue Art, Kirche zu halten, erst selber gewöhnen, fand sich aber schnell in die ungewohnte Lage, und da er die erwartungsfreudigen, ja glühenden Gesichter seiner Asperger sah, ging es ihm alsbald leichter von der Seele, als er anfänglich gedacht hatte.

In seiner Andachtsrede mußte er sich insbesondere hüten, die Asperger Verhältnisse zu berühren, um seinem Nachfolger ja keinen Grund zu geben, gegen ihn zornig zu werden, auch wollte er sie keineswegs rühren, weil ja die Rührung ein ganz unredliches Hilfsmittel ist und nur den mittelmäßigen Predigern so gelegen kommt!

Wollen wir ein wenig teilhaben an seiner Feld- und Waldpredigt, so sei verraten, daß er vom Ablegen des alten und vom Anziehen des neuen Menschen redete, also von der inneren Wiedergeburt, und ungefähr folgendes sagte:

„Der alte Mensch ist nicht nur Fleisch und Blut, sondern ein aus Fleisch und Blut hervorgewachsenes, verkehrtes Gewächs der Finsternis, wobei auch unser äußerlicher Körper und unsere inneren Seelenglieder, nämlich die Werkzeuge des Sehens, Redens, Hörens und Fühlens, durch solche üble Gewohnheiten ganz verkehrt und verderbt worden sind, also daß ein Mensch, dessen Zunge das Lügen gewohnt ist, wenn auch schon ein neuer Trieb in ihn gekommen ist, die Wahrheit zu reden, doch wieder ins Lügen hineingezogen wird, weil seine Zunge es schon so gewohnt und eine Lügenzunge geworden ist. Da hat ein jeder Mensch einen eigenen alten Menschen an sich, den er kennenlernen und nach und nach mit Ernst ändern soll, damit ein neuer Mensch aufwachse, nach Gott gebildet, der sich nicht mehr durch falsche Lüste in Irrtum selbst verderbt. Der neue Mensch ist also der Geistesmensch, der aus Gott geborene verborgene Mensch, der göttlichen Wesens, Ursprungs und Eigenschaft ist, wie ein von Menschen Geborener ein natürlicher Mensch ist; er ist das

Ziel des Wortes: ‚Laßt uns Menschen machen nach unserem Bilde, nach unserem Gleichnis.'"

Als Flattich das gesagt hatte, setzte er seine Rede ab und ließ die Zuhörer Fragen an ihn tun, denn er wußte gut, daß sein Thema hoch genommen war und mancher Erläuterung und bildlichen Stützung bedurfte.

Die Fragen kamen am Anfang zögernd und verlegen und litten ganz besonders unter der Not des Ausdrucks, bis er den Fragern erlaubte, sich am bequemsten mit ihrer Mundart zu behelfen, worauf es denn bald frisch von der Leber weg ging und am Ende in ein gar zu stürmisches Durcheinandersprechen ausklang.

Weil Flattich aber nicht nur um zu predigen, sondern um seine Asperger wieder zu sehen und zu trösten in den Bissinger Wald gekommen war, kürzte er den anderen Teil seiner Rede ordentlich ab und setzte sich darnach zu seinen Zuhörern auf die Wiese, wo sie ihm nun alle ihre großen und kleinen Sorgen anvertrauten und recht herzlich mit ihm übereinkamen. Die mitgebrachten Kinder ließ man unterdessen in der Nähe spielen, hopsen und scherzen, hatte sie wohl im Auge, und ging gemach zu den ökonomischen und alltäglichen Fragen über, auf welchem Gebiete Flattich gleichfalls seinen Mann zu stellen wußte, wie wir von früher wissen. Allmählich hatten sich die Schatten des Waldes verlängt, ein frisches Windchen hatte sich erhoben und zauste sehr lustig die grüne

Laubkanzel, daß sie rauschte und wisperte, als hätte sie selber Lust, noch eine kleine Predigt zu halten, — da fanden sie alle, daß es an der Zeit wäre, nach Hause zu wandern, riefen die Kinder herbei und zogen, nachdem sie von Flattich auf rührende Weise Abschied genommen und versprochen hatten, am folgenden Sonntag wieder zu kommen, langsam in den grünen Saaten verschwindend, heim in ihr Asperg.

*

Der Pfarrer von Metterzimmern saß in seinem Gärtchen und schrieb einen langen Brief an seinen blinden Amtskollegen in Thamm, den wir an jenem denkwürdigen Tag vor der Flattichschen Hochzeit in Asperg kennengelernt haben. Während er schrieb, umsummten ihn die fleißigen Bienen seines Amtsvorgängers, die einzige nützliche Hinterlassenschaft des Koloßpfarrers.

Könnten wir nun eines der tüchtigen Bienlein sein, die unserem Flattich während des Schreibens um den Kopf summen und aufs Papier stoßen, — und hätten wir dazu die Gabe, Geschriebenes lesen zu können, so glaubten wir, genau zu wissen, was der Inhalt des Briefes gewesen ist! Da wir aber nicht minder fleißig als die Bienen uns in sein Wesen und Leben vertieft haben, wissen wir wohl, was er geschrieben hat, und beginnen:

Mein lieber Bruder in Christo!

Weil Du mit Anteil und Sorge zu hören verlangst, wie ich hier lebe und wie ich's treibe, will ich Dir ausführlich schreiben von Anfang an.

Nachdem wir zu Metterzimmern aufgezogen und mit großem Schall empfangen worden sind, ward es alsbald sehr still um uns, denn die Hiesigen haben von uns Gottesdienern die Meinung, man müsse uns nur in Ruhe und Frieden lassen, dann hätten sie auch ihren lieben Frieden vor uns!

Dies ist ein angenehmes Verhältnis für einen, der seine Zeit abgedient hat, nicht aber für einen, der noch so vieles zu tun hat; weshalben ich mich sogleich zu den wenigen hier gehalten habe, die noch einen Hunger haben zu Gott und die in ihren erbaulichen Stunden, die sie beim alten Nothwang in dessen Gärtlein halten, je und je zusammensitzen.

Da ich dort bei ihnen so mancherlei hörte und sah, was mir wie ein neues Geigenspiel geklungen hat, habe ich mich zu ihnen auf die Schulbank gesetzt und lerne wieder das ABC mit neuem Geist und Verstand. Du mußt wissen, daß es sich um die Leute handelt, die uns der biedere Michael Hahn erweckt hat und die dazu berufen sind, unsere bis auf den Grund baufällige Kirche zu stützen, wenn nicht wieder aufzuerbauen, wenn sie einmal gefallen sein wird!

Es fügte sich, daß zu gleicher Zeit ein alter Freund aus Asperg eines Abends zu uns herüberkam und sagte, daß sich nach meinem Wegzug die dortige Gemeine in die Wüste verloren habe, weil der neue Pfarrer den Pferch nicht zu spannen vermöchte, — und er bat mich inständig, ihr eine Wüstenpredigt zu halten. So bin ich nun ein Wanderprediger geworden und eile allsonntäglich mit meinen wenigen Freunden, die ihre eigenen Stunden sogleich abgesagt haben, über den Jordan, der bei uns die Enz heißt, und feiere mit den alten Gesichtern ein Wiedersehen. Man hat vereinbart, sich bei einem gewissen Brunnen in der „Wüste" zwischen Asperg und Metterzimmern zu treffen, und gleich die ersten Zusammenkünfte sind sichtlich unter einem guten Zeichen gestanden.

Da haben sie mir auf freiem Felde eine kleine Kanzel aus Laubwerk gebaut, wo ich nun meine Andachten halte und die Liebe zu meinen Aspergern erneuere, die nicht von mir los wollen.

Wie aber in allen Dingen, die mit gutem Willen und in der Liebe begonnen werden, der Segen Gottes sich erweist, hat sich bald gezeigt, daß die absonderliche Handlung ihre Früchte bringt und zuletzt in die richtige Ordnung führt, die alle Dinge doch wieder haben sollen!

Die Metterzimmerner, die mir einfach nicht in die Kirche gegangen sind, haben uns, ich weiß nicht, war's Neugierde oder was anderes, eines Sonntags ihre Kinder und Mägde mitgeschickt, und sie mußten dabei doch wenigstens der Meinung sein, sie seien bei uns besser aufgehoben als bei ihnen daheim.

Also hatte ich schon ein Zipfelchen ihres Vertrauens in der Hand! Ich ging nun aber ganz vorsichtig zu Werke und gab meinen Feldpredigten ein fortlaufendes Thema und versprach denen, die nicht gut zu Fuße oder einmal keine Zeit oder Lust hätten, mich an den Sonntagen über Feld zu begleiten, die gleiche Predigt in der Kirche halten zu wollen, und siehe! ich hatte an den nächsten Kirchtagen schon einige Zuhörer mehr.

Zu den Feldpredigten kamen meine lieben Asperger mit der Zeit beinahe vollzählig. Da waren einige, die sich früher nie bei mir in der Kirche gezeigt hatten, die liefen halber aus Neugierde mit, saßen während der Andacht abseits und schnitzelten an einem Stecken, als ginge sie der ganze Gottestrost nicht viel an — mit der Zeit aber humpelten sie näher heran, fanden dies und jenes wie für ihren Fall gesagt (und ich wußte ja ihre Fälle recht gut!), und zuletzt waren sie die eifrigsten, wann es galt, für Ruhe und Ordnung zu sorgen während der Andacht oder darnach auf dem Heimweg die langhinschweifende Schar zusammenzuhalten.

So bin ich ein Wüstenprediger geworden, mein lieber Thammenser, und ein Wanderprediger und habe lernen müssen, daß die umständlichsten und krümmsten Wege manchmal die kürzesten sind im Reich Gottes. Lege mir's nicht als Hochmut aus, wenn ich sage: Es ist mir ergangen wie dem jungen Saul, ich habe weinend die verlaufenen Eselinnen meines Vaters gesucht und habe ein Königreich gefunden, das ich mir nicht mehr abhandeln lasse!

Gott gebe mir bescheidenen Sinn und stärke mir den Willen, ihm auf jede Weise zu dienen! Soll es nicht so sein, dann anders! Wenn man mich nicht in die Scheuer einläßt, dann fahre ich eben durch die Küche!

Ich empfehle mich Deiner Liebe als Dein allzeit getreuer

Flattich

Während Flattich seinen Brief zu Ende schrieb, war Margarete leise hinter ihn getreten und hatte ihm über die Schulter geguckt. Er fühlte, daß jemand hinter ihm stand, vermutete gleich die Frau und hielt ihr die linke Hand hin, dieweil er mit der Rechten Sand auf den frischen Brief streute. Sie drückte ihm die Linke, aber so schwach, daß er mitten in seinem Geschäft bestürzt hinter sich sah und ihr ins Gesicht blickend erkannte, daß sie ihm etwas Wichtiges zu sagen hatte. Er dachte, daß es wohl etwas wäre, was mit ihrem Zustand zu tun hätte, sie war seit Wochen verändert, blaß und müde, und fragte besorgt, ob sie ihre Stunde schon nahen spüre. Da fing die Frau zu weinen an und gestand ihm endlich, daß ein Brief von Stuttgart für ihn angekommen sei, dem sie schon von außen nichts Gutes ansehen könne! Sie zog ihn unterm Fürtuch hervor und legte ihn auf den andern, noch nicht gefalteten und versiegelten, den er eben geschrieben hatte.

Flattich sah schweigend auf ihn nieder, betrachtete das amtliche Siegel und ahnte, was drinnen stehen konnte.

Mit einem Ruck stand er auf, nahm seine Frau am Arm, führte sie die Staffeln hinab auf die untere Terrasse des Gärtchens, wo ein kräftiger Geißhirtlesbaum schon die ersten grünen Früchte der herankommenden Reife trug, ließ sich mit ihr auf die Bank nieder, die an den Baum gelehnt war, und sagte: „Gelt, Weible, wir gucken uns heute den Brief nicht an!"

„Ja, weißt du denn, was drinsteht?" fragte sie ängstlich.

„Was wird drinstehen, als daß dein Flattich wieder einmal andere Wege gegangen ist, als das Konsistorium will, das ihm den Sold bezahlt!

Da hab' ich jetzund" — mäßigte er sich, „Amt und Herz liegen halt in argem Streit bei mir! Weil mich aber mein Herz berufen hat zu diesem — Amt, will ich mich so wenig sorgen wie dieser Birnbaum da und meine Früchte tragen, so gut ich's kann!

Wenn sie nun Knäuse haben, gefällt es dem Konsistorium gar nicht, die Buben und Mädchen aber essen sie um so lieber!

Du wirst mich jetzt für ein paar Tage entbehren müssen, liebe Margarete, denn man ist in Stuttgart geneigt, meine Birnen nicht so ganz recht zu finden! Bete zu Gott, daß ich in der Demut bleibe und die richtigen Worte finde zu meiner Verteidigung! Sieh!" fuhr er ruhig fort und streichelte ihr die blasse Hand, „jetzt bist du wieder ganz getrost! Käme das Gericht nicht, so wüßte ich, daß mir Gott nicht mehr gnadete! Ich glaube aber, daß Gott uns besser haben will, als wie wir sind, und macht er uns wieder zu Teig, so wollen wir uns hüten, daß wir neu anbrennen! —

Mit dem Wanderpredigen wird es wohl wieder aus sein!" seufzte er zum Schluß.

„Und nur das Wandern wird uns bleiben!" fügte die Margarete hinzu, schmerzlich lächelnd.

7

Beim ersten Hahnenschrei verließ Flattich das Dorf. Er schritt in seiner gewöhnlichen Tracht, einem älteren schwarzen Rock und langen Stiefeln, das Haupt mit einem wachstuchenen Überzug bedeckt, den man bei Regenwetter über den Dreispitzer stülpte, einer sparsamen, aber zureichenden Kopfbedeckung, die Straße nach Bietigheim hinab. Es ist wahr, daß Flattich auf seine äußere Erscheinung nicht übermäßigen Wert legte. Diejenigen, die seine Gewohnheit in solchen Dingen auf einen verkümmerten Sinn für Pflege und Schönheit, gar auf den weltfeindlichen Pietismus zurückführten, ließ er gerne bei diesem Glauben; bei guter Gelegenheit hatte er einmal einem Freunde den Grund seines Verhaltens entdeckt.

„Ein Hut", hatte er gesagt, „ist doch ein unnützes Möbel in unseren Zeiten, wo jeder Schelm eine dicke Perücke darunter trägt, daß er aussieht wie ein Ratsherr! Und ehrlich gesprochen: Sind es nicht bloß zumeist die Hüte allein, die sich grüßen? Die Herzen gehen aneinander vorbei und wünschen sich was ganz anderes, als was der Hut sagt. Die falsche Mode des Grüßens bringt eine falsche Höflichkeit und die franzmännische Verlogenheit in die Welt, die uns gar nicht ansteht. Da bin ich schon für ein ehrlich ‚Grüß Gott' ohne Hutschwenken und Kratzfuß! Der schönste Gruß aber ist jener, den die Alten gesagt haben: ‚Gelobt sei Jesus Christus!' Dabei denkt keiner ans Hutschwenken und ob der andere ein Präsident oder ein Gerichtsnotar ist. — Apropos, das Perückenpudern gefällt mir gar nicht. Das Mehl ist zu was Besserem da!"

Mit solchen Gesinnungen, ob wir sie nun gutheißen oder nicht, ging unser Prediger nach Stuttgart, um sich dort vor den schönsten und allerbesten Perücken zu verantworten, und wir dürfen ihm wünschen, daß es gut für ihn abgeht. Vorläufig aber war es noch eine gute Strecke bis dorthin. Der Morgen war frisch, es ging sich leicht, und nachdem der frühe Wanderer den Bietigheimer Torwart herausgeläutet, das obere Tor durchschritten und das untere wieder verlassen hatte, führte ihn die Straße geradewegs durch sein geliebtes Asperg, das er nun heimlich und von niemanden erwartet nach Monden wiedersehen sollte. Vor seinem einstigen Hause blieb er eine Weile stehen, horchte, ob sich schon etwas hinter den verschlossenen Läden rührte, als es aber still blieb, schlich er leise wie ein Dieb über den Hof und schaute beim dämmrigen Lichte in seinen geliebten Hennendarmgarten.

Aber welche Enttäuschung!

Alles was er mit Mühe und Liebe angelegt hatte, war zerstört oder verändert. Ein störriger dichter Graswuchs verbreitete sich über die kleinen Beete, aus denen er Rettiche, Gurken und Kohlrübchen gezogen hatte; sein langer Philosophenweg war zugeworfen, die Bohnenlaube abgetragen, — und ihre Pfähle, die zu einem Bündel zusammengeschnürt waren, lehnten am Zaun gegen den nachbarlichen Dunghaufen.

Sein Lieblingsstück, das Rosenrondell, war glücklicherweise verschont geblieben. Wenn auch unbeschnitten und voll wilder Triebe, stand das Bäumchen inmitten der Graswildnis, und ein einziges rotes Röschen glänzte silbertauig unter den wirren Blättern hervor. Da — ein schwaches Wehen der Morgenluft! und seine Silberperlen mit einem Ruck abstreifend, wippte es plötzlich in die Höhe, als hätte es seinen einstigen Pfleger erkannt und versuchte, das Köpfchen reckend, anmutig zu grüßen.

Er hätte das Röschen gerne als Andenken mitgenommen, aber es wäre ja Diebstahl gewesen. Darum zog er sich leise zurück, nickte ihm noch einmal freundlich zu — und ein solcher Gruß, mag er nun verstanden werden oder nicht, ist gewiß einer, der von Herzen kommt!

Er war noch keine Stunde über Asperg hinausgegangen, hatte Ludwigsburg passiert, wo eben die geputzten Herrschaftsmägde mit den Milchbauern auf der Straße schwatzten, feilschten und schäkerten, als ihn auf der Staatsstraße nach Stuttgart ein Gefährt überholte, in dem ein geistlicher Herr im feingebürsteten Rock saß, der den ruhig dahinschreitenden Wandersmann freundlich begrüßte.

Flattich dankte auf seine Art, indem er den Hutschoner vom Kopfe nahm, ihn in der Hand verkrümmelte und schnell in die hintere Tasche schob. Der Herr hatte die linkische Gebärde nicht übersehen, lächelte, und da er den Wanderer für einen ehrlichen und bescheidenen Handwerksmann hielt, ließ er die Kutsche anhalten und lud Flattich ein, neben ihm Platz zu nehmen.

Der Kutscher, der sich noch den Schlaf aus den Augen rieb, sah kaum hinter sich, und als ihm der Herr wieder Fahrtbefehl gab, rollte das Gefährt in seinem munteren Trab gleichmäßig weiter wie zuvor.

Der geistliche Herr hatte ein empfindsames, längliches Gesicht, war offenbar von Hause aus wohlhabend, wiewohl kaum höher im Rang als Flattich selbst, ein Dorfpfarrer, aber einer von der neumodischen Klasse, die vom Konsistorium bevorzugt wurde, also weltmännisch, repräsentabel, durch Abkunft und Vermögen in die Lage versetzt, vom gemeinen Volk Abstand zu halten, wie es sich für die mitregierende Beamtenschaft jetzt ziemte. Sie waren noch keine hundert Radlängen gefahren, als der Herr einen kleinen Schwatz in Gang zu bringen versuchte, indem er die guten neuen Straßen lobte, die der Herzog jetzt bauen ließ, langsam aufs Wetter überging, und zuletzt unseren Flattich in herablassender, aber nicht unhöflicher Weise fragte: Ob er wohl Geschäfte in Stuttgart habe oder ob er vergnügungshalber reise!

Flattich antwortete, sein Inkognito säuberlich wahrend: „Unsereins reist selten Vergnügens halber, werter Herr! Schöne Geschäfte sind es nun aber auch nicht gerade, die ich in der Residenz betreiben soll!“

„Also werdet Ihr wohl auf Ämtern und dergleichen zu tun haben!“ meinte der Geistliche, und da Flattich nicht widersprechen wollte, war er mit der selbstgegebenen Antwort schon zufrieden. „Mir“, sagte er und machte eine hinreichend säuerliche Miene, „steht ein sehr unerfreulicher Handel bevor in der Stadt!“

„Und was ist’s für einer? Will aber nicht neugierig sein!“ fragte Flattich.

Der Geistliche räusperte sich heftig, zog ein reines weißes Tüchlein hervor und hustete ein paarmal gegen die kalte Morgenluft, dann sah er den vermeintlichen Handwerksmann prüfend von der Seite an und sagte: „Gesteht! Ihr seid doch ein Mann aus der hiesigen Gegend?"

„Schon ziemlich lange!" antwortet Flattich.

„Kennt Ihr", fragte der Geistliche und fiel plötzlich in den vertraulichsten Flüsterton, „den ehemaligen Pfarrer von Hohenasperg? Ihr habt so ein ehrliches Gesicht, daß ich Euch wohl vertraue!"

„Den Gefragten", antwortete Flattich mit einigem Zögern, „kenne ich so gut, ich will sagen, wie mich selber."

„Um so besser!" fiel ihm der Geistliche aufgeregt ins Wort, „Ihr habt so ein ehrliches Gesicht und seid ein Mann aus dem Volke. Sagt mir offen, was hieltet Ihr von ihm?"

„Ich hielte von ihm", antwortete Flattich ohne zu zögern, „daß er, mit Respekt zu sagen, kein geringer Kauz gewesen ist!"

„Sehet! Da trefft Ihr gerade den Nagel auf den Kopf!" rief der Geistliche sehr lebhaft — „Euresgleichen hat eben immer das Herz auf dem rechten Fleck! Ich will Euch aber verraten, daß er überdies ein recht böser Kauz gewesen ist, wie ich genau weiß, denn er ist mein Vorgänger im dortigen Amt!"

Über Flattichs Gesicht ging ein heiterer Zug, aber keinen Augenblick lang ließ er sich seine Bestürzung anmerken, nachdem ihm der Nachbar sein Hauswappen enthüllt hatte.

Ja, ruhiger und besonnener als zuvor blickte er vor sich nieder und sagte zu dem Herrn:

„Man tut den armen Waldkäuzen leicht unrecht, wenn man sie wegen ihres sonderbaren Wesens für böse hält. Der Schuhu ist, wie wir einfachen Leute wissen, ein ganz friedlicher Vogel — und der ‚Flattich', der ein Verwandter des Schuhu ist, soll nicht eben besser oder schlechter als ein gewöhnlicher Schuhu sein!"

„Ich glaube", rief der Herr auf einmal lachend aus, „Ihr seid selber so ein drolliger Schuhu, lieber Mann!" und schlug ihm sanft auf die Schulter.

„Ihr ratet nicht viel daneben!" antwortete Flattich.

„Doch Ihr erlaubt", unterbrach ihn der Geistliche, „ich wollte im Ernste reden und habe auch allen Grund dazu! Der sonderbare Schuhu, Euer Flattich, hat mir schon manche schlaflose Nacht bereitet! Ich tue mich mit den Aspergern ordentlich schwer."

„Sie sind eine besondere Rass'", sagte Flattich.

„Ganz recht!" fuhr der Geistliche fort, „störrig, unfreundlich, bockig und zuweilen liederlich!"

„Dann aber", unterbrach ihn Flattich, „auch wieder treu, anhänglich und dankbar!"

„Ei, das habe ich noch nicht gespürt!" sagte das Herrchen spitzig, „da müßt Ihr sie anderswie kennengelernt haben! Um aber auf den Flattich zu kommen, bin ich der Meinung, daß er sie recht verzogen hat, und bin dem Manne ordentlich gram. Nicht nur, daß er all ihr Vertrauen an sich gerissen und mir einen leeren Sack hinterlassen hat; der Falsche geht sogar so weit, daß er heimlicherweise gegen mich intrigiert, geheime Zusammenkünfte mit ihnen pflegt und mir mit seinem Pietismo ein Kuckucksei in die Gemeinde gelegt hat!"

Der Geistliche hatte sich während seiner Anklage sehr ereifert, zog wieder sein Tüchlein hervor und hustete heftig hinein.

Flattich sah ihn mitleidig von der Seite an und war nahe daran, sein Inkognito zu lüften, denn die Szene griff ihn selber an.

Der Nachbar fuhr fort: „Ihr sagtet doch, daß Ihr den Flattich kennt! Ist er nun ein solches Scheusal, wie ich sagte, oder nicht? Ein grober Flegel muß er überdies sein. Wurde mir doch gesagt, daß er sein armes Weib fast täglich prügelt! Schon vor der Hochzeit soll er ihr eine Ohrfeige gegeben haben. Ist das noch ein Diener Gottes und ein Vorbild für die Gemeinde?"

„Vom Hörensagen", antwortete Flattich, „kommt leicht das Lügen auf! Das mit der Ohrfeige vor der Hochzeit soll seine Wahrheit haben, aber man erzählt sich auch, wie sie zustande gekommen ist."

„Da bin ich begierig!" rief der Pfarrer.

„Der junge Ehemann", erklärte ihm Flattich in

aller Ruhe, „hat seiner Frau eine Geduldsprobe gestellt."

„Mit einer Ohrfeige? Recht wenig edel!"

„Jawohl!" bestätigte der Erzähler — „ob es nun wiederum so unedel war wie anderes weiß ich nicht! Jedenfalls war es ungeschickt! Aber wer ist in seinem Leben nicht einmal ungeschickt? Er hat eben nicht daran gedacht, daß es sein Weib ist, das neben ihm sitzen wird im Hausregiment. Aber wer weiß immer so genau, wer gerade neben ihm sitzt? Man sollte ihm die Geschichte nicht nachtragen!"

Der Geistliche war ein wenig nachdenklich geworden, vielleicht erinnerte er sich, daß er auch schon Ohrfeigen am falschen Ort ausgeteilt hatte. Nach einer Weile fing er in gemäßigter Tonart wieder an: „Ihr scheint mir ein ehrlicher Mensch! Sagt mir eines: Kann man mit dem Pfarrer Flattich ein vernünftiges Wort reden, oder besser, kann man mit ihm auf einer Bank sitzen?"

„Das hat schon mancher getan!" antwortete der Gefragte, „und hat sich nicht übel neben ihm gefühlt!"

„Ihr zum Exempel, der Ihr nur ein einfacher Mann seid", sagte der Pfarrer, „flößet einem durch Euer ruhiges Wesen und vernünftiges Reden ein rechtes Zutrauen ein. Ob das der Flattich auch kann?"

„Nicht minder", antwortete der Schelm in Flattich, „oder genauer gesprochen, ganz ebenso!"

„Noch eins, guter Mann!“ sagte der Geistliche, „der Flattich schnupft! Ist das nicht ein übler Beigeschmack für einen geistlichen Mann?“

„Es hat jeder so sein Geschmäcklein an sich, Ihr das Eure wie ich das meine. Wer den Flattich schätzt, den geniert es wenig!“

„Ihr habt recht!“ gab ihm der Pfarrer zu. „Nun, ich werde wohl heute in Stuttgart den Herrn vor dem Konsistorium zu Gesicht bekommen und bin mächtig gespannt, ihn zu sehen. Vielleicht gefällt er mir ganz gut und wir werden am Ende noch Freunde!“

„Es hat die besten Vorzeichen“, sagte Flattich, und da sie eben in Feuerbach einfuhren, wo er einen Besuch zu machen hatte, erhob er sich, bedankte sich für die Wagenfahrt bei dem Asperger Pfarrer, der sogleich anhalten ließ, und bot ihm, wie es unter Landsleuten Sitte ist, zum Abschied eine Prise an. Der Asperger zögerte einen Augenblick, dann griff er mit spitzen Fingern in die Dose, lächelte und sagte: „Einem so braven Manne wie Euch will ich eine Prise nicht abschlagen. Ihr habt christlich und menschlich gesprochen.“

„Grüßet“, erwiderte der huldvoll Angesprochene darauf, „den Pfarrer Flattich von mir, wenn Ihr ihn im Consistorio treffet!“ — und schon war er abgestiegen und eilig hinter den Wagen getreten.

„Aber wer seid Ihr denn?“ rief der Geistliche

in seiner Chaise. Flattich gab keine Antwort mehr und winkte dem Fuhrmann, schleunigst weiterzufahren, was der Asperger Schelm auch tat, der das ganze Gespräch mitangehört, seinen ehemaligen Pfarrer dabei erkannt und vollends bei der Prise ein Gelächter kaum hatte unterdrücken können.

Nachdem unser Freund bei seinem Feuerbacher Amtsbruder einen kurzen Besuch gemacht hatte, stieg er mächtig bergan, um die Höhe zu gewinnen, von der man die herrliche Schwabenstadt mit einem Blick übersehen kann. Er stieg im Zickzackweg durch die kleinen steilen Weingärten, wo ein brauchbarer Wein wächst, blieb manchmal aufatmend stehen und hörte während solch einer Pause, als er auf halber Höhe des Berges angekommen war, plötzlich in der Nähe eine weibliche Stimme herzerweichend klagen, weinen und seufzen.

Er rief laut, wer da sei; da verstummte die Seufzerin.

Nach einer Weile drang es ihm wieder ans Ohr, gedämpft und zurückhaltend, da schlich er die verborgen Wehklagende listig an und fand sie in einem kleinen halb ausgehauenen Wingert auf einem Stein sitzen und stoßartig in ihre Schürze weinen.

„Was fehlt Ihr denn?“ fragte Flattich.

Das Weib sah den ärmlich gekleideten Mann, der vor ihr stand, flüchtig an und antwortete: „Ach, Er kann mir doch nicht helfen!“

„Weiß Sie das so bestimmt?“ entgegnete ihr Flattich in sanftem Ton und bat sie, ihm wenigstens zu sagen, was ihr so viel Kummer mache. Das Weib gewann Zutrauen und war endlich froh, ihr Herz bei jemanden erleichtern zu können.

Und was stellte sich heraus? Sie litt an demselben Kummer wie einst die Motzin in Asperg, nur mit dem Unterschied, daß ihr Mann, der Trunkenbold, schon die Hälfte seines Besitzes vergeudet hatte und auch den Rest, seinen kleinen Weinberg, verlieren sollte, wenn es nicht gelang, in letzter Stunde dreißig Gulden zu beschaffen, mit denen er sich von einem Gläubiger loskaufen konnte.

Flattich visitierte seinen Beutel und reichte der Frau ohne etwas zu sagen die dreißig Gulden.

Sie sah ihn mit großen Augen an, nahm das Geld in die Hand, weinte aber noch heftiger als zuvor.

„Was hat Sie nun wieder?“ fragte Flattich verwundert, „braucht Sie vielleicht doch mehr als dreißig Gulden?“

„Nein! Nein!“ jammerte die Frau laut, „das Gericht glaubt mir's ja nicht, daß ich das Geld so gekriegt habe, und wird sagen, ich hätte es gestohlen!“

„So macht uns die Armut zuletzt kleinmütig“, seufzte Flattich. „Liebes Weib, nehmt das Geld ruhig an, dankt Gott für die erfahrene Hilfe, zahlt Eure Schulden und habt Geduld mit Eurem Mann! Er wird nicht mehr trinken."

Er sagte das so bestimmt, weil er genau wußte, daß auch der verworfenste Mann sich schämt, wenn seiner Frau von einem anderen Mann geholfen wird!

„Jetzt glaub ich Ihm schon alles!" sagte die Frau, stand auf und küßte ihm die Hand; „und wer seid Ihr denn?" fragte sie.

„Einer, dem man vor Gericht auch seinen ‚Wingert' nehmen will wie Euch!" antwortete Flattich ernst.

„Ich glaube", sagte die Frau, „Ihr habt etwas, was Euch das Gericht nicht nehmen kann — und davon habt Ihr mir gegeben. Vergelt's Gott im Himmel! Ich will für Euch beten, daß es gut hinausgeht!"

„An Euer Gebet glaub ich gern, armes Weib", antwortete Flattich, segnete sie und dachte auf seinem Weiterweg darüber nach, wer in diesem Falle eigentlich der Beschenkte gewesen sei!

Um vor dem Konsistorium der Kirchenräte in würdiger Kleidung zu erscheinen, hatte Flattich bei seiner Abreise beschlossen, in Stuttgart ein neues Gewand zu kaufen und zu diesem Zwecke dreißig Gulden und einige mehr eingesteckt. Die runden dreißig waren nun schon dahin und retteten ein armes Weib vor dem Elend. Mit den restlichen acht kaufte er sich bei einem Kleiderhändler in der Hauptstadt ein neues Gewand; es war nicht vom besten Zeug, aber stand ihm gut. Als es damit einen neuen Scheinmenschen angezogen hatte, wanderte er zur vorgeschriebenen Stunde in das alte weitläufige Haus, das schon viele vor ihm mit klopfendem Herzen betreten hatten. Unserem Flattich war allerdings keine Spur von Erregung anzumerken, und weil er ohne jede Erschrockenheit geradeaus den Weg zum Zimmer des Präsidenten nahm, pochte — und hereingebeten wurde, begann jener, der Zorn hieß und wegen seines heftigen Temperamentes füglich der „Zorn der Kirche“ hätte genannt werden können, sogleich die Verhandlung und rief erst im Laufe derselben die übrigen Perücken hinzu.

Der Herr Präsident war unserem kleinen eigenwilligen Landpfarrer wenig gewogen und schmetterte gleich zu Beginn eine schwere Anklage gegen ihn, bezichtigte ihn der Gesetzlosigkeit, einer selbsterfundenen wilden Theologie, der Schwärmerei und des kirchlichen Separatismus.

„Das ist, Euer Hochwohlgeboren, Herr Präsident“, erwiderte Flattich nach einiger Überlegung, „viel mehr, als ich erwartet habe!

Es verlohnt sich, daß ich hergekommen bin! Wenn Ihr mir gestattet, daß ich etwas dazu sage, dann will ich ganz vorne beginnen. Als ich acht Jahre alt gewesen bin, habe ich meiner Mutter aus freiem Willen gelobt, ein Diener Gottes zu werden. Und als ich es dem äußeren Anschein nach endlich geworden war, habe ich meinem Herrgott

Tag für Tag aufs neue gelobt, ein richtiger zu werden und nicht einer, der im Theologischen seinen Broterwerb findet.

Wem anderen habe ich nun die Treue geschworen als meinem Herrgott, vor dem ich ein armer Sünder bin, wie ich allezeit weiß!“

Dieser Anfang gefiel dem Herrn Präsidenten sehr wenig und er beliebte Flattich zu unterbrechen und auf die Eidesformel hinzuweisen, die er bei seiner Bestallung vor dem Konsistorium und der lutherischen Kirche abgelegt habe. Flattich gab gern zu, daß er der Kirche seinen Gehorsam versprochen habe, und bat zu erfahren, in welchen Dingen er seinem Versprechen nicht nachgekommen sei.

„Ihr habt Euch“, fuhr der Präsident heftig fort, „in Eurer Gemeinde Metterzimmern dem pietistischen Schwarm angeschlossen und Euch nicht geschämt, als Pfarrer der lutherischen Kirche von diesen Schwarmgeistern Belehrungen anzunehmen! Habt also dem Ansehen des geistlichen Standes einen augenfälligen Schaden zugefügt! Wie verteidigt Ihr Euch?“

„Ich verteidige mich“, antwortete Flattich, „hierin gar nicht, hochwohlgeborene und erlauchte Herren! Denn in diesem Punkte bin ich, offen gestanden, mangelhaft. Mangelhaft einer größeren Liebe zu Gott und eines besseren Gottverstehens, wie ich es bei diesen einfachen Leuten gefunden habe.

Es ist nun aber natürlich, daß das Kalb bei der Kuh saugt — und nicht umgekehrt! Da ich ein durstiges und hungriges Kälbchen bin, hole ich mir meine Nahrung dort, wo ich sie finde. Weil es erwiesen ist, daß die geistlichen Gaben nicht nach Stand, Bildung und Ansehen von Gott verliehen werden, bin ich nach meinem Glauben einen rechten Weg gegangen und habe dem Pfarrerstand eher genützt als geschadet! Wollten nur die Herren einmal diese meine sonntäglichen Kritiker, denen ich für ihre Belehrungen dankbar bin, reden hören, so wüßten sie wohl, wo es unsereinem gewöhnlich fehlt. Überdies stehe ich mit meinen Gemeindeleuten auf dem brüderlichen Boden der Freundschaft und lasse mir von ihnen so gut was sagen, wie ich mich von Euch hochwohlgebornen Herren auf dem Konsistorium richten lasse!"

Flattichs Antwort gefiel einem Teil der Räte sehr gut und einem anderen, zu dem sich der Präsident hielt, noch viel weniger als die erste. Eine Gleichheit der Meinungen kam darüber nicht zustande, und Flattich erlaubte sich im Anschluß daran zu sagen, er sehe, daß auch bei ihnen keine Stimme vorherrsche und der Standpunkt der brüderlichen Übereinkunft doch zuletzt auch hier begangen werden müsse, wie bei ihm zu Hause in Metterzimmern. Einige von den Räten fanden die Bemerkung vernünftig, und da sie nicht ohne Anmut und Witz vorgebracht war, verbreitete sich von ihrer Seite ein zunehmendes Wohlwollen für Flattich, das mit einigem Respekt und Gefallen an seiner originellen Person verbunden war.

„Euer Verhalten ist keineswegs verzeihlich", urteilte der strenge Präsident, „verdammenswert jedoch ist, was Ihr außerdem getan habt. Euer Amtsnachfolger in Asperg hat geklagt, daß Ihr Euch mit Leuten seiner Gemeinde außerhalb des Dorfes getroffen habt, ja, daß Ihr ihnen förmliche Andachten unter freiem Himmel gehalten habt, wobei es recht ungeniert zugegangen sein soll!

Ihr seid ein Sabbatschänder, Flattich, und ein geistlicher Wirbelwind, dem wir das Handwerk legen werden!

Habt Ihr darauf etwas zu erwidern? Oder was sagt Ihr, wenn wir Euch wissen lassen, daß einige Burschen, die zu Euren sogenannten Andachten gelaufen sind, auf dem Nachhauseweg mit ihren Mädchen Liederlichkeiten verübt haben?"

Flattich wurde bleich, als er den Vorwurf hörte, faltete die Hände und antwortete: „Ich habe die Stimmen meiner verlassenen Schäflein gehört, die in der Wüste nach Wasser geschrien haben, — und habe meinem Herzen Gehorsam geleistet. Wenn Frevler zu mir gekommen sind, so haben *sie* am Sabbat gefrevelt und werden dafür hart büßen müssen. Bringt mir aber zuerst den Beweis, dann will ich beklagen, daß ein gutes

Werk eine schlechte Frucht gebracht hat! Sagt mir die Namen!"

Der Präsident zog eine höhnische Falte ins Gesicht, schellte seinem Diener und befahl:

„Der Pfarrer von Asperg!"

Inzwischen, ehe der Gerufene eintrat, stellte sich Flattich an ein offenes Fenster und rang im stillen Gebet um einen guten Ausgang. Unmerklich war die Tür aufgegangen und der Pfarrer von Asperg war eingetreten.

„Seid Ihr der Pfarrer von Asperg?" fragte ihn der Präsident, und als der Neugekommene bejahte, wies er mit dem Finger auf Flattich, der am Fenster stand, und sagte: „Dort steht Euer Widersacher!" In diesem Augenblick drehte sich Flattich um und schaute seinem Ankläger ins Gesicht. Der Asperger erkannte in ihm den Handwerksmann, den er vor wenigen Stunden in seiner Chaise hatte fahren lassen, machte einen Hasensprung auf die Türe zurück und stotterte: „Geht es hier mit rechten Dingen zu, Herr Präsident, oder nicht?" Flattich erwiderte: „Das ist's, was ich mich die ganze Zeit her frage!" ging auf den Mann zu, gab ihm die Hand und bat ihn, seine Anklage gegen den Pfarrer Flattich offen und tapfer auszusprechen.

Der Asperger, noch immer bei der Türe verharrend, sagte: „Ich führe gegen diesen Menschen keine Anklage, ob er nun Flattich heißt, Schuhu oder Eulenspiegel!"

„Seid Ihr ganz von Sinnen“, brauste der Präsident auf, „oder wollt Ihr mich zum Narren halten?“

„Mit Verlaub“, antwortete der Pfarrer von Asperg und fand allmählich seine fünf Sinne wieder zusammen, „ich bin heute morgen von diesem Mann auf eine solch edelmütige Weise genarrt worden, daß ich mich zuerst fassen muß! Wenn dieser Mann, den ich in meinen Wagen genommen habe, der Biedermann ist, den ich in ihm kennengelernt habe, dann finde ich keinen Grund, gegen ihn zu eifern, ob er nun der Flattich ist oder ein anderer!“

„Daraus wird der Teufel klug!“ schrie der Präsident wütend, riß sich die Perücke vom Kopf und schlug sie mit solcher Kraft auf den Tisch, daß Kläger und Beklagter für Augenblicke in der dikken Wolke des amtlichen Staubes zu ersticken drohten.

„Ein widerwärtiges Schelmenstück!“ schrie er; „steht Ihr nun zu Eurer Anzeige oder nicht?“

Der Asperger hustete sich zuerst seine Ängstlichkeit weg, dann erklärte er: „Ein guter Geist hat mir die Augen geöffnet über meinen Widersacher, Herr Präsident! Auf voreingenommene Weise habe ich Dinge, die mir über den Pfarrer Flattich zu Ohren gekommen sind, nach außen gekehrt und ihnen die widerwärtigste Seite abgesehen. Ich bekenne, daß ich mich getäuscht habe, bedaure meine Anzeige und beklage nur, daß mir

Pfarrer Flattich wider Willen die Seelen meiner Asperger präokkupiert hat, aber darüber weiß ich mich ja mit ihm selbst ins reine zu setzen — und hoffe mit einem solchen Biedermanne auf guten Fuß zu kommen!"

„Ihr hofft nicht umsonst!" versicherte ihm Flattich und reichte ihm die Hand.

Der Präsident hatte den Eindruck gewonnen, daß der Asperger ein kapitaler Schwachkopf sein müsse, sprach es offen aus und erntete dafür den Widerspruch Flattichs, der sich mit seinem Kläger aufs freundschaftlichste verband und den Gegenstand der Verhandlung mit wenigen Worten zunichte machte. Der Präsident, der Flattich seine Autorität zu zeigen gewillt war, gab sich damit nicht zufrieden, nahm den Gegenstand des Streites noch einmal auf und wickelte ihn umständlich ab, wobei der Asperger Stück für Stück seiner Anklage zurücknahm, bis der Perückenrat schließlich die Lust am Prozesse verlor und die Sache mit einem linden Verweis für die beiden zu Ende brachte.

In einer gütlichen Aussprache, zu der man nun beiderseits Lust zeigte, bat Flattich höflich um einen größeren Arbeitsacker, als Metterzimmern einer war, wurde aber mit dem Bescheid abgefertigt:

„Bleib Er in Metterzimmern! Dort paßt Er hin!"

Der also Beschiedene machte seinen Kratzfuß

und zog mit seinem neuen Freunde Arm in Arm ab.

Wundern wir uns nicht, wenn wir unseren Flattich am Abend des Tages in derselben Chaise, mit der er morgens gefahren kam, auf der Ludwigsburger Straße nach Hause rollen sehen; ihm zur Seite sein neugewonnener Freund, der sich glücklich pries, den Wald- und Feldprediger, den Pietisten, Haustyrannen und Tabakschnupfer kennen und lieben gelernt zu haben.

Als die beiden in Asperg angekommen waren, besorgte der neue Freund einen tüchtigen Versöhnungsimbiß, dann fuhr er seinen Amtsbruder hinüber in sein Metterzimmern, wo Flattich schon sehnlichst erwartet wurde.

8

In der Nacht nach seiner Reise blieb Flattich wach. Die Nacht war lang, doch ohne Grauen, eine schwäbische Nacht mit viel weißen Wolken, in der das Herz betet und wacht, wo die Seele im Innersten daheim und der Geist aus der leiblichen Natur heraustritt wie aus der Mutter. Am frühen Morgen, als er wieder einmal, wie schon oft, aus seiner Kammer trat, um zu horchen, kam die Frau des Bauern Nothwang, die seiner Frau in ihrer schweren Stunde beigestanden hatte, rasch auf ihn zu und sagte: „Lieber Herr! Gott hat Euch eine Tochter geschenkt."

Da dankte Flattich dem Himmel, daß alles so gut abgegangen war, und eilte ans Bett seiner lieben Margarete. Sie fühlte sich zwar schwach, ordnete aber ruhig an, was für den Tag zu tun war. In ihren stillen Augen war weder Schmachten noch Krankspielen, wie es die städtischen Mütter leicht in der Mode haben und damit den Mann wissen lassen, was sie Großes für ihn getan und wie dankbar er nun dafür sein müsse!

Ein zärtlicher Kuß, und mehr nicht! Flattich nahm das kleine Geschöpf in die Arme und fand es so vernünftig wie seine Mutter; es blinzelte mit anmutiger Neugier ein bißchen ins Licht und begehrte alsbald wieder zu schlafen, nachdem es einen Vorgeschmack von der Welt zu sich genommen hatte. Lassen wir nun die drei in ihrem zärtlichen Glück allein, das sich nicht dazu eignet, ausgestellt zu werden, und gehen wir gleich über zur Taufe, die nach wenigen Tagen in der Metternzimmerner Kirche stattfand und wozu nicht weniger als sieben Pfarrer der Umgegend eingeladen waren.

Der Taufschmaus, der im Pfarrhause gehalten wurde, vereinigte die Pfarrherren von Thamm, Möglingen, Markgröningen, Asperg, Großsachsenheim, Bissingen und Bietigheim zu einem festlichen Mahl in der großen Stube. Damit die Wöchnerin auch ihren Anteil habe an der Gesellschaft, machte man die Tür zur angrenzenden Schlafstube auf, wo Margarete in einem hübschen Gewand in ihrem Bette saß und die Glückwünschungen der Pfarrherren und ihrer Frauen, die sich abwechselnd an ihr Bett begaben, mit ungekünstelter Mutterfreude entgegennahm. Das Töchterchen wurde bei dieser Gelegenheit recht oft herumgezeigt, bemuttert, bevätert und mit seinem verheißungsvollen Namen angesprochen, worüber es sich auf seine Art erfreute und frühe genug einen Blick tun konnte in die Welt des geistlichen Standes, dem es als Pfarrerskind für immer angehören sollte.

Als auch Vater Flattich die üblichen Glückwünschungen entgegengenommen hatte, setzte man sich zu Tisch und ließ es an einem gesunden Appetit nicht fehlen. Nach der Sitte der Zeit wurde darnach ein türkischer Kaffee serviert, den die Gesellschaft teils sitzend, teils stehend schlürfte, wobei sich Gelegenheit gab, Flattichs kleine Habseligkeiten, die das Zimmer schmückten, in Augenschein zu nehmen. Da stand linker Hand, wenn man in die Stube eintrat, ein kleiner polierter Schrank, auf dem die Büste Vater Bengels thronte, ein geisterweißes Prophetengesicht, das gleichsam durch die Wände blickend die göttliche Ökonomie im Weltenraum zu ahnen verstand. Auf dem Gesimse an einem der Fenster stand ein kleiner Globus, in dessen Gestelle Flattich bisweilen mit lässiger Hand die kleine Welt bewegte, wenn ihm die Stunden des Lebens zu schwer wurden. Zwischen den beiden Fenstern, die einen weiten Blick aufs Tal der Enz gewährten, hingen die Bilder seiner Eltern, die auf die kleine Taufgesellschaft mit einer Milde und Freude herniederblickten, als verspürten sie das Glück der Stunde leibhaftig.

Erwähnen wir noch die offene Tür nach dem nebenliegenden Schlafgemach der Frau und eine halbaufgezogene spanische Wand davor, so sind wir, die kleinen Sitz- und Liegemöbel sowie einen großen bequemen Familientisch dazu genommen, rundherum gekommen und haben nichts Wichtiges unerwähnt gelassen!

Man war noch nicht viel über die landläufigen Bemerkungen über Wetter und Gesundheit hinausgekommen, als sich die Tür öffnete und zwei hübsche Bauernmädchen in der kleidsamen Tracht ihrer Gegend mit Bänderhäubchen, Faltenrock und weißen Strümpfen die Stube betraten, um die Gesellschaft herumknicksten und zuletzt der freundlichen Wöchnerin in der Schlafstube ihre ländlichen Gaben, bestehend in Butter, Honig, Eiern und Speck, zum Geschenk auf das breite Bett legten. Der blinde Thammenser ließ sich ihre Anmut von Flattich aufs genaueste beschreiben, und da er wenigstens ihre lieblichen Stimmen genoß, sagte er ihnen auf den Kopf zu, daß sie prächtig singen könnten, und erbat sich einen Zwiegesang, den die beiden für einen solchen Fall schon parat hatten und alsbald ein bäuerliches Duett miteinander zum besten gaben, das der herzoglichen Oper in Ludwigsburg alle Ehre gemacht hätte!

Als die Mädchen gegangen waren, kam der Schreinermeister Schlumpp, ein Metterzimmerner Gottesfreund, und stellte der glücklichen Mutter eine neugezimmerte, buntgestrichene Wiege neben das Bett. Er wünschte, daß sie noch viele Töchterchen und Söhnchen darin wiegen möge, machte der Gesellschaft seinen geziemenden Bückling und wurde zu einer Tasse Kaffee genötigt, den ihm die Pfarrersfrauen einzuschenken wetteiferten, denn jede wollte eine so hübsche Wiege ihr eigen nennen, woraus sich denn gleich ein anständiger Handel ganz von selbst entwickelte. Der Handwerksmeister ging, nachdem er versprochen hatte, in all den Pfarrhäusern, in denen sich alsbald neues Taufglück einstellen sollte, seinen Besuch zu machen. Nun war es an der Zeit, ein würdiges Gespräch in Gang zu bringen, und der Thammenser fragte den glücklichen Papa:

„Lieber Flattich, du hast deine Tochter auf den Namen Veronika getauft; ein Name, der bei uns in evangelischen Landen einigermaßen selten vorkommt. Was hat dich bewegt, dem lieben Kinde diesen holden und kostbaren Namen zu geben? Denn daß du ihn nur aufs Geradewohl gewählt hast, dürfen wir bei deiner findigen Art kaum annehmen! Willst du dich nicht ein wenig darüber hören lassen?“

Ei, das war nun eine Frage, die alle Anwesenden, die Frauen eingeschlossen, schon beschäftigt hatte, und der Thammenser erntete für seine Rede die allgemeine Zustimmung.

Flattich antwortete: „Veronika — ich darf wohl den Schulzipfel ein wenig herausgucken lassen — hat seinen Ursprung im griechischen Pherenike, das heißt Siegbringerin und hat mir, da ich an einen passenden Namen für das Kind dachte, von allen am besten gefallen!

Nun wird oder soll das Töchterchen ja keine Heldin auf dem Schlachtfelde, keine gewappnete Schäferstochter wie die berühmte Johanna von Orleans werden, Sieg aber darf sie allerwegen bringen, sich selber, ihrem Leben und ihrer annoch schlummernden, aber schon gottverschriebenen Seele! —

Ich will aber nicht verschweigen", fuhr Flattich bescheiden fort, „daß ich den Namen auch in Hinsicht auf gewisse Nöte und Umstände in meinem und meiner Frau Leben gewählt habe; Nöte, die mit Gottes Hilfe überwunden worden sind in demselben Augenblick, als sich das Kind angemeldet hat. Ihr wißt, daß ich mich in meiner neuen Gemeinde am Anfang schwer getan habe, aber die Freundschaft einiger redlicher Männer von hier, die sich zu den vielfach gelästerten Pietisten zählen, hat mir allgemach den Boden bereitet für ein besseres und schöneres Wirken, so daß ich jetzt sagen kann: Sieg und wiederum Sieg!

Zum Andenken an die gute Wendung habe ich das Töchterchen so getauft — und ich vermeine, daß mir der reine Geist des lieben Kindes weiterhin ein Geleit und Trost sein wird, vom Kampf zum Sieg zu schreiten!"

„Wir danken dir, lieber Flattich", erwiderte

darauf der Thammenser tiefgerührt, „daß du uns Einblick gegeben hast in deine inneren Zustände, und wir wollen bei Gott hoffen, daß deine siegbringende Tochter Zeuge deiner guten Laufbahn bleiben wird bis zum endgültigen letzten Siege! Laß dich umarmen, alter Junge!"

Die beiden Freunde erhoben sich und gaben sich die Versicherung einer dauernden Freundschaft über den Tod hinaus, der sich die anderen Pfarrherren aufs herzlichste anschlossen, nicht zuletzt der Asperger, der sich's nicht nehmen ließ, seinem Freunde immer wieder zu versichern, daß er ihn nun ebenso sehr schätze und verehre, wie er ihn zuvor verkannt hatte, worauf die beiden ans Bett der Frau traten und sich ihre Freundschaft durch ihre Zustimmung besiegeln ließen. Ein edles Gespräch ging den Pfarrherren über alles, darum baten sie Flattich, als er wieder an den Tisch zurückkehrte, ihnen zu sagen, was er für das höchste Glück seiner Tochter erachte und was er ihr von Herzen für ihr Leben wünsche. Flattich erwiderte: „Ein fröhliches Herz macht die Hauptglückseligkeit unseres Lebens aus, und das wünsche ich meiner Tochter vor allem anderen!"

„Ein fröhliches Herz", murmelten die Pfarrherren reihum, einige nickten zustimmend, andere wiegten zweifelnd den Kopf, und da sich keine Einigkeit ergab, bat der Thammenser: „Begründe, Flattich, warum ein fröhliches Herz das höchste Glück auf Erden sein soll!"

Wir wollen nun im einzelnen Flattichs Begründungen und Ausführungen nicht wiederholen, nur die wichtigste Seite seiner Rede „Wie kriege ich ein fröhliches Herz?“ sei an dieser Stelle herausgehoben!

Er sagte: „Weil an der Frage ‚Wie kriege ich ein fröhliches Herz?‘ beinahe alles gelegen ist, will ich die Antwort geben: Es kommt von Gott! — Manche glauben, durch Ergötzung und Vergnügen bekämen sie ein fröhliches Herz, sie bekommen aber nur den Katzenjammer davon. Auch wenn einer leidlich gesund ist oder eine gute Heirat macht, könnte man meinen, er müsse fröhlichen Herzens sein. Es ist aber leider so, daß sich mancher dann so sehr um Leib und Gut sorgt, daß die Fröhlichkeit bald über Feld pfeift und ein trauriger Griesgram zurückbleibt! Nur wenn Gott uns seinen Frieden ins Herz reicht und wir in der Furcht Gottes bleiben, werden wir ein fröhliches Herz empfangen. Dazu gehören noch einige Fähigkeiten im Kleinen und im Großen, das fröhliche Herz zu kriegen, und an diesen Punkten kann man selber etwas tun. Schon das friedliche Antlitz eines Menschen kann uns erheitern. Das unschuldige Spiel der Kinder oder der Kreatur kann uns zum höchsten Entzücken hinreißen. Noch weiter gehört zum Glück eines fröhlichen Herzens, daß man seine Zunge beherrscht. Unguttes Reden vom Nächsten, Kritisieren, Vergleichen und Neiden verdirbt den Herzenssaft, daß er schwarz wird wie Galle. Dann ist bald von der Fröhlichkeit nichts mehr zu spüren! Ein fröhliches Herz kritisiert nicht, sondern es singt, es plaudert, es jubiliert und psalmodiert, es redet vernünftig und doch nicht wichtig, es übertreibt nicht und schmälert nicht, es gibt sich redlich und ist guter Dinge, es wechselt nicht allzusehr, es sucht den Frieden und die Seligkeit. Es ist immerfort wach, ist wie ein Salz und düngt die andern, es schmeckt nicht fade und nicht pikant. Es hüpft bisweilen, aber es fackelt nicht und bleibt genau auf der Richtschnur der Wahrheit. Es seiltanzet nicht, sondern bleibt auf dem Boden, es vergnügt uns, wenn wir es bei andern spüren, und läßt uns keine Ruhe, bis wir es selber haben! Und das ist sein höchstes Glück, daß wir es anderen verleihen dürfen, denn allen will es gehören, alle will es glücklich machen!"

Flattich erntete lauten Beifall für sein „fröhliches Herz", und die ansteckende Wirkung zeigte sich sogleich.

Die anwesenden Frauen blickten ihren Männern auf einmal viel freundlicher ins Gesicht, einige der Pfarrherren erhoben sich und wandelten im Tanzschritt durch die Stube, als müßten sie probieren, ob sie das *Herz* schon in sich spürten, andere klopften Flattich auf Schultern und Rükken zum Dank für sein gutes Wort, und einer fuhr gar rittlings auf seinem Stuhl durch die Stube, so sehr war er davon angesteckt!

Lachen und Scherzen nahm kein Ende, bis die Pfarrherren bei anbrechender Nacht die Wagen einspannen ließen, um heimfahrend einen schönen Tag in freundlichem Nachdenken zu beenden.

9

Seit der Zeit, da sich die Metterzimmerner Gottesfreunde mit den Aspergern am Schmätzlesbrunnen getroffen hatten, waren viele Monate vergangen. Die kleine Laubkanzel stand verdorrt mit ihren längst schwarz gewordenen Blättern im vergilbten Gras, und der Bissinger Wald leuchtete in den Feuerfarben des Herbstes.

Ein Sonntagmorgen von milder Klarheit hatte sich auf Hügel und Täler niedergelassen und predigte die Vergänglichkeit des Schönen in so schöner Sprache, daß auch das begehrlichste Herz die Wonne dieser Jahreszeit mitempfinden mußte.

Als wären sie im süßesten Schauder davon erzittert, fingen die Glocken von Metterzimmern mit einem Male zu summen und zu singen an, und der Schall bewegte sich hinüber ans andere Ufer der Enz, wo ein greller Schuß die wohllauttragende Luft zerriß und alsbald ein Rebhahn am

Rande des Waldes in einen abgejäteten Acker fiel. Der Jäger, der ihn getroffen hatte, trat aus dem Wald, ließ die Beute von seinem Hund apportieren und nahm die Glückwünschungen seines Jagdknechtes, der mit den beiden Pferden nachgefolgt war, mit leutseliger Gnädigkeit entgegen, lächelte, und da er eben in guter Laune den schönen Tag genoß, dem die Glocken von Metterzimmern das feierliche Lob- und Danklied sangen, kehrte eine überraschende Weichheit in seinem Gemüte ein.

„Was sind's für Glocken, Nothwang", sprach der Herr seinen Knecht an, „die da zur Kirche läuten?"

Der Jagdknecht horchte gespannt in die Luft und sagte nach einiger Zeit mit bewegter Stimme: „So läutet nur Metterzimmern! Wissen Durchlaucht, daß ich dort zu Hause bin?"

„Werd' Er nur nicht sentimental, Nothwang!" erwiderte ihm sein Gebieter in wohlwollendem Ton, „wir wollen natürlich dem Nest einen Besuch machen, und Er soll Seinen Eltern geschwind einen guten Tag sagen!"

„In der Geschwindigkeit", sagte der Reitknecht betrübt, „geht es wohl nicht, denn meine Eltern sind jetzt in der Kirche!"

„Wie heißt der Pfarrer?"

„Flattich!" antwortete der Diener.

„Ein guter Prediger?"

„Und was für einer!" rief der Metterzimmerner begeistert, „auf seinesgleichen gehn zehn andere! Das dürft Ihr mir glauben! Der Pfarrer Flattich predigt wie ein Held. Schade, daß er als Lutheraner nicht Serenissimi Hofprediger sein kann!"

„Man macht mich neugierig", sagte der Herzog darauf (denn ein anderer hätte wohl keinen Hofprediger gehabt) — „wollen wir die Predigt hören, Nothwang? Darnach mag Er auf einen Sprung zu seinen Eltern gehn!"

„Mir eine große Freud', Durchlaucht!" jubelte der Reitknecht, nahm dem Hund, der unterdessen die Beute gebracht hatte, den Rebhahn aus den Zähnen und wartete auf weiteren Befehl.

„Aufsitzen! Nach Metterzimmern!"

Flattich stand auf der Kanzel und war schon im besten Rednerfeuer, als der Herzog in grüner Jägertracht die Kirche betrat und bei den letzten Bänken, hinter einer Säule versteckt, seinen Standort nahm. Der Fürst war, was sein Äußeres betrifft, zu jener Zeit auf dem Übergang vom Jüngling zum Mann, hatte vom Jüngling die kühne, fast kecke Haltung des Leibes und vom Manne mindestens in den Gesichtszügen eine Spur von Besonnenheit. Der Ausdruck seines Gesichtes war voll Widerspruch und spiegelte wie ein bewegtes Wasser die inneren Launen so verzerrt, daß eine Miene, die man günstig zu deuten versucht war, auch das Gegenteil davon zum Grund haben konnte. Jedenfalls hatte sich jene Physiognomie schon herausgebildet, die am besten mit der gutmütig-mürrischen, unberechenbaren und im Grund verträumten eines lauernden Widders in Verbindung gebracht werden kann, wobei die schrägfeste Linie der Stirn, die nach unten gerundete Form der Nase und der Mund die besten Anhaltspunkte boten.

So beschaffen und mit dem bewegten Ausdruck des Gesichtes folgte er der Predigt Flattichs, die ihn vom ersten Augenblick des Zuhörens an lebhaft beschäftigte, denn das Thema war gerade jenes, das Flattich schon bei der Taufvisite der Pfarrherren angeschnitten hatte, das Wort vom fröhlichen Herzen.

Welch verwandt-anklingende Saiten berührte der Prediger in der Seele seines Fürsten! Dieser hatte das Glück eines fröhlichen Herzens von Jugend auf gesucht und leider nur dort gefunden, wo es verweslich ist, im Rausch der großen Feste und im Sinnentaumel der Vergnügungen, — ungebrochen aber zuckte es in ihm fort und gebot ihm wie das pochende Gewissen selbst, sich zu läutern, um endlich die Freude dort zu suchen, wo sie ein geborener Fürst und Wohltäter der Menschen finden muß, in der tätigen Liebe und der väterlichen Sorge für seine Anbefohlenen. Bei den herzhaften und munteren Auslassungen über das Regen und Treiben eines in Gott fröhlichen Herzens, deren Wirkungen schon die Pfarrherren bei der Taufvisite gespürt hatten, entkam dem Mund des Fürsten einige Male ein so herzlicher Ausdruck unverfälschter Jungenfreude, daß die Gemeinde und zuletzt der Prediger auf ihn aufmerksam wurden, woraus sich das Unvermeidliche entwickelte, daß er als der Fürst erkannt und von Flattich in der Fürbitte am Schluß der Predigt seinen betonten Platz angewiesen bekam. —

Glücklicher als die Metterzimmerner konnte an diesem Sonntag niemand sein! Nicht wenig stolz waren sie gleichermaßen auf ihren Pfarrer, der den Fürsten mit seiner Predigt so von Herzen erquickt hatte, daß er gleich vor der Kirchentür einige Gnaden erteilte, um die er gebeten wurde.

Darnach eilte er in das Pfarrhaus und traf den Pfarrer noch in seiner Studierstube, damit beschäftigt, den Talar abzulegen. „Habt Dank, lieber Flattich", sprudelte er hervor, „für Eure herzerfrischende Fröhlichkeitspredigt!", umarmte ihn in seiner jungenhaften Freude so stürmisch, daß Flattich, seinem Talar halb entstiegen, mehr erschreckt als gerührt, eine sehr wenig vorteilhafte Haltung dabei annahm und sich der Umarmungen geradezu erwehren mußte.

„Ich habe", fuhr der Fürst eifrig fort, „durch Euer Wort den abgerissenen Faden meiner reinen Jugend wiedergefunden und knüpfe ihn nun dort wieder an, wo Ihr gesagt habt!"

Flattich zog als Erwiderung der freundlichen Worte sein Käppchen vom Kopfe und wußte nichts anderes zu sagen als jenes Verlegenheitswort „Do han i jetzund —“, kam um keinen Preis weiter und bot dem Herzog endlich einen Platz in seinem großen Lederstuhl an, den der Fürst aber heftig verschmähte, indem er behauptete, sein Herz sei von der Predigt eher gestärkt als geschwächt!

Und plötzlich, als wäre es ihm zu Bewußtsein gekommen, daß er doch der Fürst und Herr — und kein reuiger Hund sei, änderte er Tonart und Miene und fügte seinen Worten hinzu: „Er kann predigen, Flattich! Ich muß es Ihm lassen! Er ist kein Sauertopf wie die Pietisten, die ich nun einmal hasse wie den Tod, weil sie die wahren Welt- und Lebensfeinde sind — und auch meine geheimen Widersacher! Oder“ — er unterbrach sich, als er Flattichs umwölkte Stirn bemerkte — „denkt Er anders darüber?!“

Eine bange Pause trat ein, während welcher Flattich seinen Mut in beide Hände nahm und offen bekannte:

„Durchlaucht, auch ich bin Pietist.“

„Schäm’ Er sich, Flattich!“ fertigte ihn der Fürst verdrießlich ab, — „warum will Er Pietist sein?“

„Do han i jetzund —“ erwiderte Flattich; „ich muß Euch betrüben, so sehr ich Euch mit meiner Predigt zuerst erfreut habe; aber es ist nun einmal so, daß die Pietisten, die Ihr nicht mögt, Euere treuesten und besten Diener sind, denn sie haben neben Euch noch einen Herrn im Himmel, dem sie Gehorsam leisten. Wenn Ihr also einmal vom rechten Wege abkommt, schauen sie Euch betrübt an und beten für Euch, wo die andern schmeicheln und Euch auf dem Weg des Unrechts bestärken! Darum sag ich, die Pietisten sind Euer Durchlaucht beste Freunde, ob Ihr's nun glaubt oder nicht!"

Der Herzog war von Flattichs Antwort innerlich getroffen, überlegte sich den Einwand und fragte unwillig: „Wer zum Beispiel unter den Pietisten ist mein Freund?"

„Man hat mir schon viele genannt", antwortete Flattich ernst, „es sind darunter einige, die früher in Eurer Nähe waren — sie sind aber nicht mehr dort —; und andere gibt es, die möchten zu Euch kommen, aber Ihr laßt sie nicht vor! Gewiß ist aber, daß eine Frau, die Euch lieb und teuer ist (er meinte seine Freundin, die Fränzel!) und die von den Sündern viel geschmäht wird, zu ihnen gehört. Und wenn Ihr's gerade wissen wollt, auch Euer Reitknecht, der Euch heute in die Kirche geführt hat, ist ein Pietist und der Sohn eines frommen Mannes!"

„Redet nicht mehr weiter, Flattich!" sagte der Herzog, der unterdessen unruhig in der Stube auf und abgegangen war. Plötzlich wandte er ihm den Rücken zu und blickte geradeaus durchs Fenster. Nach einer Weile drehte er sich blitzschnell um, nahm Flattich am Arm und fragte ihn: „Seid Ihr zufrieden hier in Metterzimmern? Ich meine, man müßte Euch eine größere Pfarre geben! Oder wollt Ihr hier verkümmern?"

„Wo man mich hinstellt", antwortete Flattich, „will ich wirken."

„Ihr seid aber doch mehr als ein gemeiner Kanzelsoldat", fuhr der Herzog fort; „wenn Ihr mir versprecht, vom Pietismo zu lassen, dann will ich Euch eine schöne Pfarre besorgen!"

„Das, mein Herr, verspreche ich nicht. Auch sollt Ihr mich nicht in Versuchung führen!"

„Nun, es wird sich zeigen! — Die nächste große Pfarre, die aufgeht, soll Er haben! Will Er?"

„Aber ohne die Bedingung!"

„Ohne die Bedingung", versicherte ihm der Fürst, „auf die Er zu Seinem eigenen Schaden nicht eingehen will, jedoch mit einer anderen —"

„Ich wollte", erwiderte ihm Flattich, „man gäbe mir die Pfarre überhaupt nicht."

„Starrkopf!" beschimpfte ihn der Fürst; „meint Er, ich schmeiße Ihm die Pfarre nach? Hör Er meine Bedingung!"

„Durchlaucht befehlen . . ."

„Die Bedingung ist", sagte der Herzog aufs bestimmteste, „daß Er das Jahr darauf, nachdem Er die Pfarre angetreten hat, auf Schloß Solitude kommt und mich wissen läßt, ob Er dem Pietismo treu geblieben ist!"

„Ich werd' es Euch wissen lassen!" —

„So — und jetzt zeig Er mir Seine Frau und die Kinder!" befahl der Fürst.

Margarete, die in der Stube nebenan vor der Wiege saß, war nicht wenig überrascht, daß der Fürst das Töchterchen zu sehen wünschte, hob es aus den Kissen und ließ dem Kind die Sonne weltlicher Herrlichkeit ins Gesicht lächeln, wofür sich das Töchterchen auf die anmutigste Weise dankbar zeigte und der Sonne ihr gnädiges Lächeln freundlich zurückstrahlte. Wie mußte sie sich wundern, daß ein so mächtiger Herr wie der Herzog mit einem Kinde freundlich tun konnte, „Gugusele" sagte und andere Kindereien verübte, ganz wie ein gemeiner Mann und Gevatter, der auf einen Sprung zu Besuch kommt und draußen vor der Tür seinen Wanderstecken abgestellt hat . . .

Mitten in der Kinderei brach der Herzog auf einmal ab, bedankte sich bei Flattich für die Predigt, küßte der Frau die Hand und war hinaus, — so schnell wie er gekommen war.

10

Es ist nicht schwer zu erraten, was der Herzog gedacht hatte, als er Flattich eine schöne große Pfarre versprach und ihm zur Bedingung machte, ihm nach anberaumter Zeit zu sagen, ob er dem Pietismus treu bleiben könne. Es sind schon je und je Wetten und Absprechungen gemacht worden, eine im Buch Hiob zwischen Gott und Satan und eine andere zwischen Faust und Mephisto, und jedesmal hat der andere alle denkbaren Anstrengungen gemacht und ist doch zuletzt der Geprellte gewesen ...

Münchingen im Strohgäu war damals ein reicher und ansehnlicher Ort. Wenn ein Gau nach dem Stroh benannt wird, so muß es dort wohl vieles geben; wo aber viel Stroh ist, wächst auch viel Weizen, wo viel Weizen, ist viel Geld, — und wo viel Geld, hat der Pfarrer keine Not im Haus.

Flattich wurde Pfarrer in Münchingen. Das Pfarrhaus war ein Gespann von zwei Häusern, die ineinandergeschoben waren, und hatte, nach den Fenstern zu rechnen, sieben Stuben und fünf Kammern. Dazu gehörte ein Garten, in den man bequem zehn Häuser hineinstellen konnte, und eine Scheuer mit zwei Einfahrten. Äcker und Wiesen, die zur Pfründe gehörten, vergab der Pfarrer in Pacht.

Flattich wäre kein Ökonom gewesen, wenn ihm die große Wirtschaft Sorge gemacht hätte. Der wahre Ökonom ist ein Vater der Seinen. Es ist ihm nicht darum zu tun, Reichtümer zu sammeln, sondern die Schätze zum Nutzen der Seinen zu verwalten und seinen Gehilfen Brot und Geschäft, Bett und Haus, leibliche und geistige Heimat zu geben und sie zu gottwohlgefälligen Menschen zu erziehen.

Was die Münchinger betraf, so waren sie ein fleißiges und arbeitsames Volk, das leicht zu regieren war. Unter den Kirchgängern waren die Pietisten in der Überzahl. Sie gaben den andern ständig ein gutes Vorbild und erzogen sich beinahe von selbst. Es gibt gewisse geistliche Rutengänger, die beim Betreten eines Ortes aufs bestimmteste sagen können, ob darin gute oder schlechte Einwirkungen vorherrschen; etwas von dieser Gabe eignete auch unserem Flattich: — er wußte vom ersten Tage seines Dortseins an, daß der Boden seines neuen Wirkens so eingegeistet war, wie es nur die glorreichen Gnadenorte sind. Daß sich solche auch in protestantischen Ländern finden lassen, ist nur wenig bekannt.

Noch im heftigsten inneren Wachstum begriffen, fühlte er sich anfänglich in Münchingen eher bedrückt und elend als beglückt und erhoben — und beschränkte sich in seinem Wirken auf den engsten Kreis, der sich ja immer um das eigne Haus bildet. Um aber nicht in kleinlichen Dingen aufzugehen und aus lauter Langeweile Gerstenkörner zu riffeln, das heißt: unnotwendige Geschäfte zu tun, besprach er sich mit Margarete über einen langgehegten Plan. „Du weißt, liebe Margarete“, sagte er zu ihr einmal, als sie in der Dämmerung nach dem Nachtmahl beisammensaßen und noch kein Licht anzünden wollten, „daß ich ebensogern Schulmann geworden wäre wie Pfarrer. Der Jugend zu raten und zu helfen hat mich immer beglückt. Da nun unser Töchterchen in seinem zarten Alter noch keiner schulmäßigen Unterweisungen bedarf und es auch noch lange Zeit bis dahin hat, denke ich immer wieder daran, einige Kostgänger ins Haus zu nehmen, und zwar solche, die sich in der Stille auf weltliches und geistliches Studium vorbereiten sollen . . .“ Er machte eine kleine Kunstpause, suchte in der Dämmerung ihre Miene zu studieren und fuhr dann fort: „Mein Vorhaben, die jungen Leute in ihren Studien zu leiten, ist mit der Sorge um ein tüchtiges Geschlecht, das uns einstmals übertreffen soll, so genau verbunden, daß ich ungern von dem Plan lasse und immer dabei denke, wenn ich's nicht tue, geht mancher gute Tropf noch eines Tages zu den Luftspringern oder aufs Ballett, der vielleicht sonst ein tüchtiger Pfarrer, Minister oder Konsulent geworden wäre! Was meinst du dazu?"

Die Meinung einer gewöhnlichen Frau ist in solchen Dingen meist — gar keine, oder, wenn es schlimm steht und sie eine Putznärrin und Staubwedlerin ist, eine schlechte, denn sie denkt dabei zunächst an die Mühe und Plage, die sie mit einer solchen Einquartierung ins Haus nimmt. Da aber die Margarete ein sehr verständiges Wesen und eines Flattichs ebenbürtige Genossin und Mithelferin war, kam es anders. Sie erinnerte sich, daß ihr Vater solche Liebeswerke genug an jungen Leuten übernommen hatte, wußte sich auch der Dankbarkeit der Zöglinge aus späteren Jahren zu erinnern, und weil sie ihre Jugend ohne die Genossenschaft der heiteren und kurzweiligen Hausgenossen um vieles schwerer getragen hätte, antwortete sie:

„Was du an der Jugend tun willst, Flattich, es ist gut! Ich bilde mir ein, daß es ein lustigeres und reicheres Leben sein wird, das bei uns einkehrt! Die Dummheiten und Verkehrtheiten der jungen Leute sind recht dazu angetan, daß man sich Gedanken über sich selber macht!"

„Sagst du's nicht selber", fiel ihr Flattich begeistert ins Wort, „wir sind und bleiben doch immer ein wenig die alten Buben, wenn wir noch so klug werden! Und es ist auch gut so! Man muß wieder von vorne anfangen können. Wenn sich eine Gerte nicht mehr biegt, soll sie bald brechen ... Ich sehe mich schon mit den Buben in die Äpfel gehen, wenn's herbstet, und im Winter auf einer Schleifbahn dahinfahren. Das soll mir niemand wehren!"

„Das junge Volk", fuhr Margarete bedächtig fort, „wird uns zuweilen auch schwere Tage und Nächte bereiten, aber ich will dir die Freude nicht vergällen, Flattich!"

„Weil du halt so ein gutes und verständiges Weib bist", erwiderte er glücklich, „und mich zuweilen selber wie eine junge Haut nimmst und viel Geduld mit mir hast! Ich will es dir immer danken. — Aber jetzt wollen wir doch ein Licht anzünden, weil ich dein liebes Gesicht wieder sehn muß!"

Zuvor aber gaben sie sich noch einen herzhaften Kuß im Dunkeln.

*

Man stelle sich einen Reisewagen vor, der außer seinen drei jugendlichen Insassen so viele Kisten, Körbe und Säcke mit sich führt, daß er einem fahrenden Turme gleicht, — einen Fuhrmann, der sich von seinen übermütigen Gästen in jedem Dorfe, das passiert wird, zu einem Trunke nötigen lassen muß, schon weil die Gäste selber einen begehren, — außerdem einen grauhaarigen Köter, der bald die Pferde, bald die Räder ankläfft, — dazu eine Schar von Gassenbuben, die den seltsamen Ankömmlingen am Ziele der Fahrt eine johlende Ovation bereiten und dafür einige Kupfermünzen an den Kopf geschleudert bekommen, und wir wissen, wie sich der Einzug der längst erwarteten Kostgänger in Münchingen vollzieht und welcher Art die Gäste sind, die Flattich in sein Pfarrhaus aufnehmen will.

„Da hätten wir also das rohe Material", sagt der Pfarrer zu seiner Frau, die neben ihm am Fenster steht, während der schwankende Wagenturm in den Pfarrhof fährt und die drei Gesellen ihren Erzieher, den sie bereits am Fenster erkannt zu haben glauben, mit einem studentischen „Vivat!" begrüßen. Flattich dankt mit freundlichem Kopfnicken und sieht dem Abrüsten der wackelnden Kofferburg vergnüglich lächelnd zu und nimmt die drei Neuankömmlinge scharf in Augenschein. Da ist einer, der seine Kisten ganz dem Fuhrmann überläßt und gerne zuschaut, wie der Alte sich mit ihnen plagt, bis er sie ganz herunter hat, sich dann auf seine Kofferpyramide setzt und nur noch der Betrachtung seiner neuen Umgebung obliegt.

„Das muß der Paul sein", sagt Flattich zu Margarete, „Paul und faul, das reimt sich! Wie er so dasitzt mit seinem kugelrunden Rücken und vor lauter Zugucken schwitzt! Meiner Seel, hätte er doch seinen Magisterschein schon im Sack! Es wird eine sauere Mühe mit ihm werden. Dagegen der Dettinger Fritz, der wenigstens den Fuhrmann nicht zu lohnen vergißt, hat schon feinere Maser im Holz!

Die kleinen Füßchen und die feinen Händ sind zwar zum Schaffen nicht geboren, aber im Gesicht ist etwas, was mir gefällt, ich möcht's nur nicht so mit Namen nennen. Das Grübchenkinn ist von einem Mädchenschmecker. Der bringt's schon bis zum Hofmeister oder zum maître de plaisir bei so einem Grafen Ludribus von Liederlinghausen!

Das Vanillefrätzchen aber, das der junge Herr vom Adel hat, der seine Bonbons den Münchinger Gassenbuben in die offenen Mäuler schmeißt und damit seines Vaters Geld vertut, gefällt mir am wenigsten. Ich werde mich zu seinem Bankier machen müssen, damit er dir am Ende nicht das Kostgeld schuldig bleibt, wenn er einmal abreiset, und ich möchte wetten, das läßt nicht lange auf sich warten ..."

Die Betrachtungen eines Menschenkenners in Ehren! — aber wir wollen sie jetzt doch unterbrechen und unserem Flattich Gelegenheit geben, seine Beobachtungen in nächster Nähe fortzusetzen, nämlich bei Tisch, wo sich die drei jungen Herren alsbald einfinden.

Wie im Pfarrhause der Brauch, sollte zu Beginn der Mahlzeit, die den jungen Herrn zum erstenmal im Pfarrhause gegeben wurde, ein Tischgebet gesprochen werden. Flattich sprach es gewöhnlich selbst, da aber junge Leute vorhanden waren, hätte er es gern gesehen, wenn sie sich dabei hervorgetan hätten, und bat den Paul, die Pflicht zu übernehmen.

Der Paul war aber offenbar so sehr in den Anblick der dampfenden Schüsseln vertieft, daß er die Frage entweder überhörte oder willentlich überging, worauf sich Flattich an den Dettinger wandte. Der schaute zwar mit gefalteten Händen nicht gerade in die Schüsseln, sondern auf die hübsche Pfarrmagd, die ihm gegenüber stand, und schien in ganz anderer Andacht versunken.

Ein stumm auffordernder Blick auf den jungen Herrn von Werbel fruchtete gar nichts, so daß Flattich das Tischgebet selber vortrug und sich schon mit einiger Unlust zum Essen setzte. Beim Essen zeigten die Zöglinge jene Seiten vortrefflich, die Flattich zur Abrundung seiner Beobachtungen nötig hatte. Mit Ausnahme des Herrn von Werbel, der sich einer anerzogenen Mäßigkeit beim Essen befliß und mit dem Tischbesteck so geschickt umzugehen verstand, daß es manchmal aussah, als wickelte er Luftgespinste um seine Gabel, schnitt Luftbraten oder löffelte Luftsoßen aus dem Teller, ließen es die andern sehr wenig am Appetit, viel mehr aber an Geschicklichkeit und guten Sitten fehlen. Besonders Paul, der eßlustige Sohn des Backnanger Amtmannes, schmatzte, schleckte, schnaufte und machte einen Lärm wie eine ganze Hochzeitstafel. Wogegen der Dettinger wohl seinen Hunger stillte, aber weil er zugleich seine Gafflust befriedigen mußte, kam es vor, daß er seinen Löffel, statt ihn zum Munde zu führen, auch einmal in die Wange stieß, wo dann die heruntertropfende Suppe sich nicht zum besten ausnahm. Paul, der Amtmannssohn, war außerdem sehr durstig und verlangte, nachdem er sein Glas Wein mit einem Schluck geleert hatte, ein zweites. Es wurde ihm nicht versagt, weil man ja die glückliche Ankunft und erste Bekanntschaft feierte. Flattich ließ aber nicht ungesagt, daß ein Student bezüglich des Weintrinkens Maß halten müsse; er selbst, der sich immer noch als alter Student fühle, gehe darin mit dem Beispiel voran und trinke zum Essen nur ein kleines Gläschen Wein mit Wasser gemischt.

Der Amtmannssohn fand das zu wenig, sagte aber nichts, denn der Pfarrer gefiel ihm im ganzen recht gut. Er war früher schon von seinem Vater bei Pfarrherren in Kost und Erziehung getan worden — und war viel strengere Herren gewöhnt. Es lag durchaus in Flattichs Art und Absicht, die jungen Leute von sich reden zu lassen — denn „Rede, dann sehe ich dich!" dachte er — und begann ihnen vorsichtig die Zunge zu lüpfen, wie man im Schwäbischen sagt.

Da war der Paul, der sonst zur Beschaulichkeit neigte, nicht faul und erzählte umständlich, was er alles von zu Hause mitbekommen und mitgenommen hatte, und zählte auf: fünf Töpfe Honig, zwei Körbe Winteräpfel, einen Sack Hutzeln, ein Säcklein Nüsse, zehn schwarze Rauchwürste und einen geräucherten Schinken.

Mit solchen Herrlichkeiten konnte der Dettinger nicht aufwarten. Er liebte vielmehr den Putz und hübsche Kleider, prahlte aber nicht wie der Amtmannssohn mit seinen Besitztümern, sondern erwähnte, daß er zu seinem Vergnügen eine kleine Bibliothek der neuesten und galantesten Schriftsteller mitgenommen habe, in deren Studium er mehr Genuß fände als in den langweiligen Schwarten der alten Griechen und Römer. Der Herr Pfarrer möge die Büchelchen doch einmal selber einsehen, sagte er freimütig, dann werde er zugeben müssen, daß man heute besser zu schreiben verstünde als in den Zeiten Ciceros, wo man sich nur über albernes Zeug gestritten und zwischendurch abscheuliche Kriege geführt hätte!

Als nun die Reihe an den Herrn von Werbel kam, geruhte dieser zu bemerken, daß er weder Würste noch Bücher mitgenommen habe, aber um so mehr bares Geld, mit dem er sich diese Genüsse jederzeit erkaufen könne, wenn es ihn danach verlange. Im übrigen schwieg er sich über seine stilleren Neigungen vorsichtig aus — und überließ es Flattich, ihn dafür zu loben oder zu tadeln.

Nach der Mahlzeit zeigte Flattich seinen Gästen das Haus, den Garten, die Scheune und den

Stall. Es fügte sich, daß gerade den Schweinen das Futter vorgeschüttet wurde, während sich die Gäste im Stall befanden. Die hungrigen Dickhäuter fuhren mit so ungestümer Gier auf die Schüsseln und Tröge zu, schnupperten, grunzten, schnüffelten und schmatzten, daß die jungen Herrn in ein schallendes Gelächter ausbrachen über die unmäßige Freßgier und Ungeduld und nur erstaunten, daß Flattich so ernst dabei blieb und keine Falte des Gesichtes verzog. Nachdem sie sich tüchtig ausgeschüttet vor Lachen, neigte sich der Pfarrer über den Verschlag, breitete die Arme aus, als wollte er den Vierbeinern eine Tischpredigt halten, und sagte:

„Es ist das Schwein ein Tier, das der Mastung dient und daher nichts als Fraß und eine gute Streu zur Ruhe sucht. So gibt es unter uns auch einige Freßsäcke, die niemals zu sättigen sind. Ja, es gibt solche Unmenschen, die — wie das Schwein zum Trog — sich an den Tisch setzen, ohne zuvor oder nachher ein Vaterunser zu beten und den ganzen Tag auf der Streu des Müßiggangs liegen, grunzen und lungern, bis ihre Zeit um ist. Für den Menschen nun, der wie eine Butze lebt, ist alles verloren, weswegen ich den lieben Herrn zu bedenken gebe, daß sie zum Essen ein Vaterunser beten sollen! Nichts für ungut!"

Das war nun allerdings eine herbe Lehre für die jungen Menschen, da sie aber am richtigen Platz und zur rechten Zeit gegeben wurde, verfehlte sie ihre Wirkung nicht. Insbesondere der Paul, der an seine Prahlereien bei Tisch denken mußte, kratzte sich am Kragen und machte eine verdrießliche Schnute . . .

*

Der Unterricht, den Flattich seinen Zöglingen gab, begann mit dem Tag ihrer Ankunft. Wir müssen uns nicht vorstellen, daß Flattich im Sinn und Geist eines heutigen Examinators zu Werke ging, Aufgaben stellte und sie darnach abhörte. Solche Gedächtniskunst war nicht der Sinn einer geistigen Information, wie er sie seinen Schülern aufprägte. Mit dem Rüstzeug der Logik zergliederte er vor ihnen Art und Wesen der alten Sprachen, nicht aber der Sprache allein, sondern der Menschen, wie ja sein Unterricht auf nichts anderes hinauslief als auf die Erziehung eines reinen, wahren, hochstrebenden Geschlechtes, das seine irdischen Pflichten erfüllend den Willen Gottes tut und dabei weiß, daß dieses Leben der Entscheidungstag ist, ob uns ewige Existenz beschieden sein soll!

Daß er mit seinen Zöglingen die sonderbarsten Erfahrungen gemacht hat, sei nicht verschwiegen, und da sich ein launiger Brief gefunden hat, an seinen lieben Thammenser gerichtet, wollen wir dem Informator selbst das Wort lassen!

Mein lieber Freund!

Weil Du mich gebeten hast, Dir Mitteilung über den Anfang meiner Information an unseren Zöglingen zu geben, will ich Dir gleich von vornherein sagen, daß ich mir drei ausgewachsene, im Charakter sehr differierende, abscheulich-allerliebste Tröpfe ins Haus gelegt habe!

Sie kamen verwichenen Donnerstag, nachdem sie sich in Ludwigsburg getroffen, in einer Prachtskutsche hier angefahren und haben gleich am ersten Abend ihren Habitus, geistig und leiblich, derart enthüllt, daß ich ihnen vis-à-vis des Schweinestalles, wo sie selbst die Gelegenheit dazu gaben, ein Empfindliches gelehrt habe.

Darüber mündlich! —

Anderen Tages gab mir der Paul, der Amtmannssohn aus Backnang, ein gefräßiger, aber gutmütiger Junge, Grund zu einem nicht alltäglichen Ärger, indem ich ihn mit seinem Schlafgesellen Dettinger, der mir viel besser gefällt als der Paul, beim Karteln auf ihrer Stube erwischte. Dies wäre nun so schlimm nicht gewesen, hätte ich nicht bemerkt, daß mir der Bursch auch an meinen Wein gegangen ist, wovon ein anständiger Krug auf dem Tische stund, als ich eintrat, und welchen der Paul auch gar nicht wegpraktizierte, sondern die Frechheit hatte, mir sogar davon anzubieten. — Ich verschmähte ihn nicht, lobte das Gewächs und sagte nur, daß es eine große Ähnlichkeit im Geschmack mit meinem Haustrunk aufweise, was der Bursche mit herablassender Gefälligkeit quittierte, die mich in Erstaunen setzte. Die Wut hielt ich noch zurück — und tat so, als ob ich das Karteln gar nicht ungern sähe, nahm mir auch einige von den Schellen, Eicheln und Buben und fing ganz munter an zu dreschen, daß die Burschen eine wahre Lust kriegten, mit ihrem Informator um die Wett' zu spielen. Es dauerte aber nicht lange, so hatte ich sie beide unter, forderte aber, daß sie weiter spielten, chassierte und persuadierte sie so, daß ihnen alsbald der Dampf ausging und sie wegen Müdigkeit aufzuhören verlangten. Das ließ ich aber nicht gelten, sagte, sie hätten viel zu wenig Eifer und müßten noch manches lernen, weil sie gar so schlecht spielten, mischte von neuem und verlangte, daß sie weiterspielten. Sie taten's ungern, aber ich sagte, sie hätten mich nun einmal in Feuer gebracht und da müsse ich meinen Willen haben! — Ich klopfte mit ihnen noch zwo oder drei Stunden Eicheln, Schellen und Buben heraus, bis sie vor Müdigkeit die Karten sinken ließen und mit den Köpfen über dem Tisch schlummerten. Da warf ich das Zeug hin und verlangte, daß in der Früh um sechse Kassa gemacht werden müsse, ich sei in solchen Dingen genau, wünschte ihnen eine gute Nacht und sie möchten recht schnell schlafen, weil es nicht mehr weit sei bis zum Hahnenschrei.

Punkt sechs Uhr ließ ich sie aus dem Bette holen — und machte mit ihnen eine Abrechnung, daß ihnen Hören und Sehen verging, das heißt eine moralische, die auch so gewirkt hat, daß sie mir beide versprochen haben, keine Karte mehr anzurühren.

„Was den Spendierwein betrifft“, sagte ich zu Paul, „den du mir gestern angeboten hast, so wirst du ihn an die Adresse bezahlen, wo du ihn herbezogen hast — und mir als deinem Freund die gute Quelle nicht verschweigen. Denn ein guter Wein lobt seinen Herrn und soll in aller Munde sein! —“

Das Geständnis ließ nicht auf sich warten; da mir aber der arme Kerl doch ein wenig leid tat, denn bei seiner natürlichen Trägheit hat er bisweilen eine Stimulans nötig, gewährte ich ihm Erlaß und versprach ihm bei Wohlverhalten täglich ein Gläschen zu Mittag und zu Abend, wenn er sonst fleißig und redlich sein wolle!

Um nun aber auf den Dettinger zu kommen, der ein ganz wohlerzogenes und feines Bürschchen ist, habe ich mit ihm kurz nach dem Vorkommnis einen ganz anderen Auftritt gehabt.

Ich bemerkte schon am ersten Tag, daß er eine Schwäche für das weibliche Geschlecht habe und sah die Augen wohl, die er auf unsere Asperger Magd, die hübsche Gretel, geworfen hatte. Daß er sich immer gern in der Küche und auf dem Boden herumgetrieben und den weiblichen Hausgehilfen kleine Dienste angeboten, entging mir auch nicht; auch wurde mir's von meiner Frau hinterbracht.

Unlängst erwischte ich ihn auf dem Boden, wie er der Gretel beim Wäschehängen einen Antrag machte, und weil das dumme Ding so was zum ersten Male gehört und sich nicht zu helfen gewußt hatte, sogleich zum Embrassement schritt, welches durch mich im rechten Augenblick unterbrochen wurde, worauf ich den Sünder zum Verhör auf meine Stube nahm.

Da stellte sich's zu meiner Beruhigung heraus, daß er in diesen Dingen noch nicht eben erfahren war und gerade in den Anfangsgründen schwebte, daß aber sein Kopf des dummen verliebten Zeugs schon ziemlich voll war infolge seiner Lekturen, der franzmännischen esprits d'amour und Schürzendichter, die ich ihm resolut konfiszierte. Als ich ihn fragte, ob er denn das Mädchen, dem er so hübsche Versprechung gemacht habe, zu heiraten gedenke, mußte er gestehen, daß er noch keine Wege sehe, es auch nicht so bestimmt vorhätte. Ich setzte ihm nun auseinander, daß er in Hinsicht auf das alberne und gutmütige Mädchen eine Unredlichkeit begangen hätte, und belehrte ihn, daß das weibliche Geschlecht im allgemeinen, wenn es noch nicht verdorben sei, dergleichen Anträge sehr ernst zu nehmen geneigt sei, und bat ihn, den Fall doch recht gründlich zu überlegen.

Im Laufe des Gesprächs stellte sich's heraus, daß er ein angehender Poet sei, der sich mangels besserer Gelegenheit in meiner Magd ein Objekt seiner dichterischen Versuche genommen habe, worüber ich beinahe in ein Gelächter ausgebrochen wäre, wenn der Herr Poet nicht vor mir gestanden hätte. Um aber ernst zu bleiben, sagte ich zu ihm: „Aha, ich verstehe, unsere Gretel ist Seine Muse! Das ist nun weiter nicht schlimm. Ich hab es aber gar nicht gewußt, daß Er ein Poet ist!“

Als ich nun ein Produkt seines Geistes zu sehen verlangte, zog er sogleich eines aus der Brusttasche, wo der rechte Poet ja immer dergleichen in einiger Fülle zu verwahren pflegt, und ließ es mich lesen. Es war an eine der griechischen Göttinnen gerichtet, zu deren Gesellschaft er wohl auch die Asperger Magd rechnete, war nicht übel versifiziert, aber in Ansehung des Gegenstandes, der Magd, mehr als übertrieben und unangebracht, dazu voll mythologischer Bilder, recht à la mode gedichtet und so kurios, daß ich mir keine bessere Probe auf das Gedicht wußte als die, es seiner Freundin vorlesen zu lassen und die Wirkung auf den Gegenstand abzuwarten.

Er ging mit Widerwillen auf den Gedanken ein, ich ließ aber die Gretel rufen und verlangte von ihm, sich ins Poetenzeug zu werfen und ihr das Poem auf der Stelle zu deklamieren. Er wußte sich, nachdem die Magd eingetreten und ihm gegenüber Posto gefaßt hatte, plötzlich ganz poetenmäßig zu benehmen, deklamierte das Gedicht zweimal mit richtiger Betonung und ansprechendem Ausdruck, ging an den Glanzstellen sogar vor ihr in die Knie und hätte bei einem gebildeten — sprich: verbildeten — Frauenzimmer einen gewissen Eindruck sicher hervorgerufen. Ganz anders aber bei der Magd, die den kuriosen Kram überhaupt nicht verstand und nicht wußte, ob sie dazu flennen oder lachen sollte, aber doch so viel begriff, daß in dem Gedicht irgendein Frauenzimmer besungen wurde, mit dem sie sich nicht verwechseln zu dürfen glaubte, und aus Eifersucht auf die vornehme andere, die offenbar mit ihr rivalisierte, eifersüchtig wurde. Sie blieb ihm die Antwort auf den Angesang nicht schuldig, schimpfte und flennte durcheinander und bewies dem Poeten besser als ich, daß sein Gedicht unpassend, zweideutig und der Urheber ein ruchloser Geselle sei, mit dem sie nichts zu schaffen haben wolle!

Der Effekt war vollkommen, sowohl in Hinsicht auf die Magd als auf den Autor, der sein Gedicht auf der Stelle zerriß und es der Magd vor die Füße schmiß, die flennend und schimpfend die Schnitzel zusammenklaubte, was ihr als der Stubenmagd von Pflichts wegen zufiel, worauf sich die beiden trennten und ich den Dettinger in sanfte Vermahnung nahm.

„Sieht Er", sagte ich zu ihm, „wozu das Ansingen führt! Nun hat Er Seine Freundin auch noch enttäuscht!

Das kommt davon, weil Er ihr einen poetischen Vexierspiegel vorgehalten hat, in dem sich das einfältige Gemüt gar nicht erkennen kann und darum auf sein vexiertes Ich eifersüchtig werden muß! O höllischer Wirrwarr!

Poetenpech mit Weibertränen! Mach' Er den Streich mit einigen Worten wieder gut!" —

Um ihn in seinem Fach zu fördern, schlug ich ihm aber vor, sich ein dankbareres und unempfindlicheres Objekt für seine Muse zu suchen, führte ihn vor meinen Immenstand im Garten und riet ihm, das Leben und Treiben der Immen, das meines Wissens noch kein Poet beschrieben hat, zum Gegenstand eines vernünftigen und andächtigen Gedichtes zu nehmen, machte ihn auf die Materie von ihren sämtlichen reizenden Seiten aufmerksam und erntete sein Versprechen, sich mit der Sache auseinanderzusetzen, wovon ich mir für seinen Verstand, ganz abgesehen von dem, was er poetisieren oder nicht poetisieren wird, einen ziemlichen Nutzen verspreche.

Poeta tamen discitur. — Das Poetisieren kann doch gelehrt werden!

Der dritte und letzte meiner Kostgänger ist ein junger Herr von Werbel, der weder gut noch böse ist, und mit dem ich nicht viel anzufangen weiß. Ich denke, daß er bald von uns scheiden wird. Die Kost ist ihm zu gering, außerdem stehe ich mit seinem Herrn Vater in einem unerquicklichen Briefwechsel über die Prinzipies der Erziehung. Wenn er mit den meinigen nicht einverstanden ist, warum hat er mir dann seinen Sohn geschickt? Mit einem höflichen Stutzer, der keine Natur hat, weiß ich nichts anzufangen. Entweder kalt oder warm ...

Du siehst daraus, mein lieber Freund, wie ich's treibe. Die Moralia verstehen sich von selbst.

Hab' mich lieb wie bisher und sei gewiß Deines alten Freundes

Flattich

Von Münchingen bis zum Schlößchen Solitude, wo der Herzog residierte, große Gesellschaften gab, aber auch mit dem Pomologen Kaspar Schiller, Vater des nachmaligen Dichters, in den Baumschulen und im Gewächshaus arbeitete, ist es zu gehen kaum eine Stunde. Der Herzog, so gewalttätig er zu Zeiten war, hatte großen Sinn für gescheite Gespräche.

Was lag näher als daß er den Pfarrer Flattich des öfteren zu sich bat, um seinen Verstand an ihm zu wetzen. Um ihn herum wimmelte es von superklugen Adligen, die sich der Zeitmode entsprechend alle heftig für Ökonomie interessierten und für die neuen Wirtschaftssysteme, die damals aufkamen. Die Herren hatten ihre Musterhöfe in der Gegend, redeten viel von der Physiokratie, vom wichtigen Eigennutz, vom Freihandel und vor allem vom Markt. Der Gott, dem sie eigentlich huldigten und dienten, war der Merkur, dem nicht nur die Handelschaft, sondern auch die Spitzbuben und Taschendiebe unterstehen.

Flattich wußte, daß sie dem flinken Gott der Geschäfte alle in ihren Musterhöfen und Schlössern ein heimliches Altärchen aufgerichtet hatten, versteckterweise naturgemäß in ihren Herzen, und das war es, was ihn betrübte.

Zugleich hielten sie es aber doch mit dem Christenglauben, huldigten einem ganz und gar vernünftigen und kassensicheren Heiland, der die Brote und Fische zu vermehren wußte, wenn es notwendig war, ohne auf den Markt zu gehen. Einer von diesen, ein zur Ruhe geschickter Oberst, hatte den Pfarrer um die Patenschaft für sein Kind gebeten und schickte ihm eines Tages seine prächtige Kutsche, um ihn zur Taufe und zum Schmaus zu bitten.

„Wann ist je", sagte Flattich zu dem Kutscher, der ihn holen sollte, „ein Apostel zur Taufe *gefahren* worden? Sage deinem Herrn, daß ich noch laufen kann. Setze dich also auf den Bock. Das ‚Hüh' sage ich deinem Gaul ins Ohr!"

So geschah es. Noch rechtzeitig genug erschien Flattich zur Feier der Taufe.

„Es gibt nichts Gesünderes und Angenehmeres als das Gehen zu Fuß", sagte er nach der Ankunft bei dem Oberst, der sich über die Schnelligkeit des geistlichen Fußgängers wunderte. „Erstens kostet es den Mann nichts. Auch der Einlader hat keine Kosten, wenn er die Karosse nicht ausschickt, sondern daheim läßt. Ökonomie, Herr Oberst, Euer Leib- und Magenwort! — Zweitens", so fuhr er fort, „im Gehen macht sich der Mensch Gedanken, und diese sind immer von der besten Sorte und ganz anders als die, welche man sich im Liegen auf weichen Betten macht. Ich habe mir zum Beispiel während meines Marsches zu Euch eine kleine Taufpredigt ausgedacht und außerdem ein Gedicht im griechischen Versmaß, denn mein Fußtakt hat mich dazu ermuntert. Das Gehen selbst ist das Thema meines Gedichtes."

„Ihr seid", sagte der Oberst lachend, „ein Original auf jeden Fall. Nun aber herein! Haltet die Predigt und laßt auch später das Gedicht hören. Es sind genug Schöngeister beisammen, die auf das Poetische scharf sind."

Die Tauffeier fiel nicht ganz nach Flattichs Geschmack aus, aber er wußte sich zu salvieren, indem er sich mit den älteren, schon herangewachsenen Kindern des Obersten unterhielt, die noch unverwöhnt und unverbildet waren. Er gab ihnen Rätsel auf, die mit biblischen Namen und Geschichten zusammenhingen, und hatte seine große Freude daran, daß sie die meisten lösen konnten. Als die anwesenden Gutsbesitzer und Ritter mit ihren Gesprächen über das Thema der Ökonomie, des Marktes und des Eigennutzes zu Ende waren, trug er ihnen sein unterwegs gemachtes Gedicht aus dem frischen Gedächtnis vor.

Die Damen und Herren wurden sich nicht

einig, ob es ein gutes oder schlechtes Gedicht sei, dennoch schrieben es sich nach Diktat einige von ihnen auf, und so ist es mit Fehlern, Knuppen und Knorren auf die spätere Zeit gekommen, und es lautete also:

Gehend erfährt der Mensch sich selbst
und die Größe der Schöpfung,
Denn im Herangang nur, dem bedächtigen,
merkt er die Wunder
Jeglicher Bildung, seien es Hügel,
Hecken und Wasser,
Wolken auch, die unsteten Boten
des niederen Himmels,
Wo der obere sich, welcher ist Gottes,
im Gemüte sich anzeigt.
Schreite und du erkundest dich selbst,
denn dein Gehen
Ist Verräter genug deines Wesens.
Mienen verbergen
Vieles uns, wir beherrschen sie.
Wahr wird der Lügner
Einzig in Gehen. — Verspüre die Macht
der guten Gedanken,
Welche den Kummer verbannen,
gehst du hienieden munter,
Hinter dir lassend das Arge und dich
erfreuend am Bilde
Kommenden Glücks, welches dein Leben
von Gott her erneuert.

Einig bist du mit dir selbst nur,
    wenn du die Freiheit erschreitest,
Irdisches los zu sein und frei
    auf dem Hinzug zu Christus,
Welcher dein Weg und die Wahrheit ist
    und das ewige Leben.

Als der Herzog von dem Tauffest und von Flattichs Lobpreis des Gehens hörte, war seine Meinung, der Pfarrer müsse eben reiten wenn er nicht fahren wolle. So kam es, daß er eines Tages seinen Reitknecht mit einem Beipferd zum Pfarrer Flattich nach Münchingen schickte mit dem ausdrücklichen Befehl, den Mann der Kanzel zu Roß auf Schloß Solitüde zu bringen.

Wer die Menschengeister lenke, müsse auch ein Pferd regieren können, sagte er.

Dem Reitknecht drohte er Strafe an, wenn er ohne den Pfarrer zurückkomme.

Flattich widerstand dem herzoglichen Befehl.

„In der Schrift stehet", sagte er, *„gehet* hin in alle Welt und lehret etc. Es heißt aber nicht: Fahret oder reitet! Nein, ich gehe zu Fuß hinter dir her, braver Reitknecht, und ich gehe schnell. Keine Widerrede zum Evangelium!"

Der Reitknecht saß auf. Der Pfarrer ging.

Als sie in die Nähe des Schlosses kamen, stand der Herzog schon da und schwang seine Reitpeitsche.

„Herr Pfarrer", bat der Reitknecht, „sitzet in

Gottes Namen auf! Dort steht der Herzog und wird mich schlagen, wenn Ihr nicht auf dem Roß daherkommt!"

„Bah", sagte Flattich zu ihm, „ich mache das schon."

Vor der Treppe zum Schloß stand der Herzog, schwang die Peitsche und drohte dem Reitknecht.

„Narrenpossen, Durchlaucht", sagte Flattich zu ihm, „wir beide gehen in Euer Arbeitszimmer, um dort über wichtigere Dinge zu reden als über Reiten, Fahren, Reitknecht und Peitsche!"

Der Herzog ließ sich vom unberittenen Pfarrer williger lenken, als zu erwarten war, verzieh dem Reitknecht und besprach sich in seinem Arbeitszimmer mit Flattich über die Anpflanzung von Apfelbäumen auf den heimatlichen Landstraßen, deren Nachkommen man heute noch sehen kann.

In der Umgebung des Herzogs waren viele kluge Weltleute, die es mit der Bibelkritik hielten, die damals Mode wurde, weil man sich alles auf natürliche Weise erklären wollte.

Daß die Bibel auch das Schändliche beim Namen nennt, stieß die Herren und Damen ab, die den feineren Ausdruck bevorzugten und über den Abgrund in der menschlichen Seele eine zierliche Schwingbrücke gelegt haben wollten.

„Pfarrer", sagte einer von diesen einmal zu Flattich, „in Eurer Bibel stehen viele unanständige Geschichten, denkt doch zum Exempel an den alten Loth, den seine Töchter aufdecken, während er betrunken ist, gar an die Sodomitereien, die sprichwörtlich geworden sind. Nur zu bekannt sind derlei Vorkommnisse, die jeder kennt und im Munde führt!“

„Jeder kennt und im Munde führt“, wiederholte Flattich, „das ist es! Da fällt mir ein, es hat einst einen schönen Garten gegeben, in welchem Rosen und Lilien geblüht, wo der Kirschbaum die süßesten Früchte getragen hat. Da wurde aber von irgend einer Hand das Törlein aufgestoßen und ein gieriger Eber, seinem Stall entronnen, rannte in den Garten, riß die Lilien und Rosen um, zertrampelte das duftige Gemüse und lief sogleich auf den Misthaufen zu und fing dort an nach seiner ihm gemäßen Kost zu wühlen. Gibt es nicht welche unter uns Menschen, die so wie die Butze mit der Bibel verfahren? Nichts für ungut! Ist sonst noch was gefällig?“

Ein Herr von Osten, so sein Name, kritisierte vor Flattich den biblischen Bericht von der Sintflut.

„Haltet Ihr es für möglich, Pfarrer, daß Noah alle die Tiere, die er in seiner Arche versammelte, hat einfangen können? War er denn ein so großer und allgewaltiger Tierfänger? Könnt Ihr Euch diesen Bändiger der größten und gefährlichsten Bestien vorstellen? He?“

O kluger Herr von Osten, was hast du für deinen Spott für eine Antwort empfangen! —

„Warum soll es ihm nicht möglich gewesen sein,

dem klugen Noah“, erwiderte Flattich. „Als Noah die Arche gebaut hatte, stieg er auf das Dach derselben und rief nach den vier Himmelsrichtungen: — Komm her, du Löwe von Süden, du Bär vom Norden und du Esel von Osten! — Rief es und die Tiere kamen gelaufen.“

11

Der Liebende kommt leicht in die Gefahr, sich mehr aufzubürden, als seine Schultern zu tragen vermögen. Der Gierige ist ihm darin verwandt, aber wie anders!

Wenn der Liebende die Ströme seines Herzens entsendet, fließen ihm aus unterirdischen Quellen die frischen Wasser stetig zu. Der Gierige aber gleicht einer Wüste, die den Sturzregen hastig schlürft und darnach, wenn er versickert ist, um so heftiger nach Wasser lechzt, aber sie hat nirgendwo eines aufgespart, und wenn einmal der Regen gefallen ist, so ist er für lange Zeit gefallen ...

Flattichs Menschenliebe ging in breiten Strömen von seinem Herzen. Je mehr er schenkte, desto heftiger floß ihm der verjüngte Zustrom von innen.

Es ist ein Zeichen höherer, ja höchster Natur, wenn solches in einem Menschen geschieht, und jenes Gleichnis vom immerfort spendenden und quellenden Brunnen, das die Dichter mit so großem Glück besingen, ist auf niemanden besser angewandt als auf die liebende Menschenseele, deren innerer Vorrat nur wächst, je mehr sie sich ihrer Geschenke entäußert. — Nicht daß Margarete ihrem Mann an Opfermut und Liebe nachgestanden hätte, aber es ging mit der Zeit über ihre Kraft, den rasch wachsenden Pflichten zu genügen; und so trat ein Verzagen des Gemütes ein, das durch nichts anderes geheilt werden kann als durch Ruhe und gütliche Zusprache.

Als die Veränderung eingetreten war, riet Flattich seiner Frau, daß sie sich in eine stille Stube zurückziehe und nur mit dem beschäftige, was ihr Zustand erlaube. Er selbst nahm zu seinen Aufgaben die der Frau oder überwachte sie wenigstens, so gut es ein Mann vermag.

Weil er in seiner gewohnten Art großzügig zu Werke ging und sogleich einige häusliche Neuerungen einführte, bekam er als erstes den Widerstand der Mägde zu spüren, die nichts mehr fürchteten als eine Veränderung der gewöhnten Verrichtungen. Dies wäre noch gegangen, aber bald stellten sich andere Widerwärtigkeiten ein. Die Geschäftsleute, die das Haus mit Waren versorgten, sahen in der Veränderung eine willkommene Gelegenheit, ihren Vorteil zu suchen, so daß Flattich, der indessen mißtrauisch geworden war, mit dem Nachwiegen der Ware und dem Feilschen um den Preis manche gute Stunde verlor. Stand ihm endlich eine freie Minute zur Verfügung, so widmete er sie seiner Frau und berichtete ihr von seinen Erfahrungen mit dem kindlichen Stolz, den alle Männer fühlen, wenn sie der Frau in ihrem eigenen Bereich einen Nutzen gebracht zu haben glauben.

Der Zustand Margaretens schien sich aber nicht so schnell bessern zu wollen, wenn auch ein kleiner Aufstieg der Kräfte begonnen hatte; — da war es ein äußerer, unerwarteter Anlaß, der die Frau aus ihrer Schlaffheit und Flattich aus seinen Sorgen riß. Eines Tages (es war etwa ein halbes Jahr nach Flattichs Aufzug in Münchingen) erschien Herzog Karl zu Besuch. Es war an einem Vormittag und Flattich war gerade in der Schule.

Die aufgeregte Magd, die ihm den hohen Besuch im Pfarrhaus meldete, brachte mit dem Schrecken zugleich die Glücksbotschaft, daß die Pfarrerin in dem Augenblick, als der Herzog das Haus betreten hatte, das Regiment wieder an sich gerissen und sich mit dem gnädigen Fürsten schon in einer Unterhaltung befände, so frisch und munter, als ob sie gar nicht krank gewesen wäre! Welch ein Wunder! Zu Hause fand Flattich eine gesunde und muntere Frau und einen wohlgelaunten Fürsten, der ihm gleich beim Betreten der Stube entgegenrief:

„Nun, lieber Flattich, wie steht es mit dem Pietismus?“

„Ich muß gestehen, gnädiger Herr“, erwiderte Flattich, noch ganz außer Atem, „daß ich ihm zwar nicht näher gekommen, daß ich aber auch nicht abgekommen bin von ihm! Die große Pfarre hat mir ganz andere Aufgaben gestellt. Ich danke meinem Herrgott, daß ich bis heute noch nicht habe verzagen müssen.“

Der Herzog schwieg, dann sagte er mit klug erwogenen Worten: „Als ich zwanzig Jahre alt war, hat man mir ein ganzes Herzogtum auf die Schultern gelegt. Ich verdanke die Last meiner hohen Geburt. Wohl hätte ich mich ihrer entledigen können, aber nur durch einen selbstgewählten Tod. Das war nicht meine Sache. Ich habe mich also beholfen — und gab mich in die Hand einiger Ratgeber. Sie betrogen mich. Am Ende habe ich die Last wieder ganz auf meinen Rücken genommen, und ich muß gestehen, daß ich sie besser tragen kann als die andern. Mir scheint, es wird jedem gerade das auferlegt, was er mit Not noch ertragen kann. Und die Gewichte nehmen mit der Zeit leider nicht ab.“

Flattich verstand gut, was der Fürst mit seinem Bekenntnis andeuten wollte, da er überdies darin das Verlangen eines Einsamen nach der freundschaftlichen Hand eines Menschenbruders fühlte, fand er die rechten Worte, dem Hochgeborenen so viel Tröstliches zu sagen, als im Augenblick angebracht war. Nähere Vertraulichkeit liebte der Herzog nicht.

Da es ihm schon wieder ein wenig leid tat, daß er sich so weit erschlossen hatte, ließ er sogleich seine andere Natur hervor und scherzte: „Nun, kleiner Pietiste, was sagt Er dazu, wenn ich in einigen Tagen mit der katholischen Kaiserin gegen den König von Preußen zu Felde ziehe, der doch ein Volk regiert, das so lutherisch ist wie das meine?"

Flattich war auf solche herzogliche Fallen gefaßt und antwortete: „Es wird in diesem Krieg wahrscheinlich nicht um den Glauben gefochten werden, Durchlaucht!"

„Aber was werden Seine Freunde, die Pietisten, dazu sagen?"

„Sie werden ‚Amen' sagen und ‚Herr, vergib uns!' oder im besten Falle schweigen . . ."

„Mir also nicht beistehen?" forschte der Herzog.

„Auf die beste Art!" antwortete Flattich, „mit Gebet für die Erhaltung Eurer Person und Ihrer Landeskinder."

„Was wird Er selber tun, Flattich?" —

„Ich bin ein Friedensbote, Durchlaucht!" sagte Flattich, „und werde mich so verhalten, daß ich nach dem Kriege mit gutem Gewissen vor Eure Augen treten kann!"

„Da bin ich begierig", entgegnete der Herzog. „Mehr wollt Ihr nicht verraten?"

„Werden mir Durchlaucht vielleicht Seine Schlachtenpläne verraten?“

„Keine Silbe!“

„So auch bei mir.“

„Dann bin ich für heute fertig!“ lachte der Fürst und schlug scherzend mit der flachen Hand auf den Tisch.

Zu Margarete gewendet, die während der Unterhaltung mehr als einmal blaß geworden war, sagte er: „Ich glaube Ihr anzusehen, Madame, daß die Friedensboten bisweilen ebenso große Anforderungen an ihre Soldaten stellen als wir Kriegsmänner! Schone Sie sich!“

Er küßte ihr höflich die Hand, aber die Pfarrerin wollte seine Vermutungen nicht wahrhaben und sagte, die „Feuertaufe“ sei gottlob überstanden, worüber sich niemand mehr freuen durfte als Flattich selbst.

12

Wer Gutes tun will, muß ein Heimlichtuer werden.

Seht unseren lieben Pfarrer, wie er am Tage nach dem Besuch des Herzogs zur Mittagsstunde in seine Scheune schleicht, eine Leiter anlegt und auf den Boden klettert, der schon seit vielen Jahren leer ist; denn die einträglichen Pfarräcker sind verpachtet.

Was will er dort verstecken? Was sucht er? Ihr werdet's nicht erraten! Als er wieder heruntersteigt, ist sein Rock voll Spinneweben und sein Perückenzopf sträubt sich in die Höhe wie ein Katzenschweif. Am anderen Tage schleicht er zur selben Stunde in den Keller, wo die großen verpichten Fässer liegen, grünschimmlig um den Hahn und am ganzen Leibe schwarz vor Verdruß, weil sich schon lange Zeit kein Pfarrherr mehr um sie gekümmert hat. Ehmals in den Tagen des Überflusses haben sie gedröhnt, gejauchzt und gebraust, und oft hat ein jäher Spundenschuß die Hausbewohner zur Nacht aus dem Schlafe geweckt, wenn sich der junge Wein in ihren Bäuchen gestreckt und im Übermut das Gehäuse verlassen hat.

Am dritten Tag kriecht der Heimlichtuer auf den Dachböden des Hauses umher, rückt Truhen und Kästen, flickt Löcher im Schieferdach, pfuscht Maurern und Dachdeckern ins Handwerk — und noch kein Ende! Mit eigener Hand räumt er Kammern und Kästen, krustet und werkelt, poltert und pocht.

Als er damit fertig ist, schleppt er Säcke und Krätzen herbei und bringt sie dorthin, wo er zuvor Platz geschaffen hat. Dann fängt das Rumoren im Keller an! Der Küfer, den er gedungen hat, schlüpft in die Fässer und bürstet den uralten Schorf von der Wandung, bis das Holz wieder rot hervorscheint wie junges Fleisch. Das alles tut er und sagt kein Sterbenswörtlein dazu, bis eines Tages die Münchinger erfahren, daß das Land im Krieg mit dem König von Preußen liegt und der Herzog mit seinen Regimentern nach Sachsen gezogen ist. Wie Heuschreckenschwärme kommen die Händler ins Dorf, um alles einzukaufen, was an Waren vorhanden ist. Kein Hof ist, keine Hütte, in der sie nicht vorsprechen.

Wohl liegt, wenn sie gehen, ein runder Haufen

Geld auf dem Tisch, aber in die Fruchtkammern hat es Löcher gerissen, die nicht mit Geld zu flikken sind.

Jetzt ist der Augenblick gekommen, wo Flattich eingreift. Er geht von Hof zu Hof, von Hütte zu Hütte und bettelt seinen Anteil für die Armen. Wenn die Leute Geld haben, sind sie den Armen günstig. „Jeder soll leben!“ sagen sie — und „Der Acker bringt wieder Frucht!“

Flattich sammelt. In der Pfarrscheuer füllen sich die Säcke und Krätzen mit Hirse, Grieß und Welschkorn.

Auf dem Boden wächst ein braunes Meer von Weizen, Gerste und Dinkel heran. In den Dachkammern des Hauses reihen sich in vielfach gewundenen Schnüren die Äpfel und Birnen, und die Hutzeln trocknen in den Hürden.

Der Wein hüpft mit einem Freudensprung in die Fässer — und einen Freudensprung tut Flattichs Herz.

Sein Plan ist gelungen.

Als der Winter kommt, vergräbt er sich wie ein Hamster in seinen Bau. Ein edler Hamster, der für die Armen sammelt!

Da kommen Gerüchte von weither und sagen, daß der Herzog in zwei Schlachten geschlagen worden ist, und nach den Gerüchten kommen die unholden Reiter, die dem Krieg zur Seite gehen: Hunger und Teuerung.

In Münchingen ist es zuerst ein altes Weiblein,

das im Pfarrhaus um einen Scheffel Mehl bittet. Statt einen gibt ihr Flattich zwei. Die Bittsteller werden mehr, und viele, die zuvor gespendet haben, sind unter ihnen. Nun rächt es sich, daß sie ihre Vorräte zur Unzeit verkauft haben. Die Bissen werden von Woche zu Woche schmäler.

Den halben Tag steht Flattich in seiner Arche, wiegt, mißt wie ein Krämer mit der Handwaage und spendet als Zugabe das Brot, das ewig sättigt: das tröstliche Wort. —

So kommt der Sommer heran und reif zum Schnitt steht die neue Ernte auf den Feldern. Da zerschlagen die eisigen Körner des Hagels einen großen Teil der Saaten.

Nur *einer* segnet, wo die andern hadern oder dem Jammer erliegen. Flattich geht zu denen, die nicht getroffen sind, und bittet sie, sich mit den Unglücklichen in den Rest der Ernte zu teilen. Er weiß, daß er damit den Menschen viel abverlangt.

Brand, Hungersnot, Krieg und Unfälle, sie sind die Probezeichen des Himmels, daß der Mensch beweise, ob er noch dienenden Geist hat. Die Menschenliebe wächst nur aus den Feuerschuhen der eigenen Not!

Zuerst sind es wenige, die ihm gehorchen, dann werden es viele; bis die hartherzigsten zuletzt beschämt folgen. Der Geist der Ersten Freundschaft steht wieder auf. Einer sagt zu seinem Nachbar: „Wo fehlt's, Bruder?“ Und der Nachbar gesteht seine Not.

„Nimm, Freund!" sagt der Gute, „wir wollen beide leben!" Und er teilt sich mit seinem Freunde. Das Wunder von der Speisung der Fünftausend, wie einfach und natürlich wiederholt es sich. Sie essen mit anderem Geiste, sie beten mit neuem Geiste, und jeder hat Fleisch, Brot und Wein ... Aber die natürlichen Wunder sind Stückwerk, Kunstgriffe des Menschen, und ändern die göttliche Ordnung nicht.

Die Vorratskammern füllen sich nicht wieder.

Eines Morgens nimmt Flattich den Stab in die Hand und wandert nach Asperg, um für seine Münchinger einen Bittgang zu tun. Die Saat der Liebe, die er dort vor Jahren gepflanzt hat, sie ist nicht vom Hagel zerschlagen — und dem Vielgeliebten öffnen sich alle Türen und Herzen.

Mit Tränen des Mitleides hören sie seine Klage und denken dankbar der Zeit, wo er sie einst aus ihrer Not gerissen hat. Seine Heimkehr gleicht einem Triumphzug. Zehn schwerbeladene Wagen, von Pferden und Ochsen gezogen, fahren von Asperg nach Münchingen und bringen die Opfergabe der freundlichen Nachbarn. Auf dem vordersten sitzt Flattich, neben seinem alten Freunde Motz, und wird bei seinem Einzug wie ein König empfangen.

Nachdem die Wagen abgeladen und die Vorräte in die Scheunen untergebracht sind, läßt der Pfarrer die Glocken läuten. Da ist keiner, der nicht in stiller Dankbarkeit die Hände faltet. —

Sollen die Unholde des Krieges vor den Mächten der Liebe nicht weichen? Eines Tages kehrt der Herzog heim in sein Land, ruhmlos, still und bescheiden. Den Lorbeer des Sieges darf er sich nicht um die Stirne flechten.

*

In den Tagen des Herbstes wandert Flattich auf der Ditzinger Straße hinüber ins Tal der Glems, um seinen Freund, den Beutenmüller, zu besuchen, der ihn gerufen hat, um den letzten Trost von ihm zu empfangen. Er geht inmitten der Straße, die rechts und links von fruchttragenden Apfelbäumen gesäumt ist, und erklimmt langsam die Höhe des Strohberges, der wie ein großer Brotlaib auf dem erdbraunen Teller des Landes ruht und mit seinem grauen Gras, das dem Moose gleicht, den Schafen zur Weide dient.

Im Silberfluß des Lichtes ertrinkt das Land mit Tälern, Hügeln, Schloß und fernem Wald, daß nur eine gleißende Lichtspur im Auge verbliebe, wenn die Dinge auf einmal hinzuschmelzen begönnen oder sich dem Lichthimmel vermählten, der seine wachsende Wolkenstadt näher und näher ums Herz der Sonne baut und der irdischen Feste mit göttlichem Triumph über den Häuptern glänzt.

Eine große Schafherde wandert auf der sanften Welle des Berges empor, unzählige kleine Wölkchen von Wolle streben dem weich geebneten

Gipfel zu, und die schneeweißen Fließe der Lämmer gehen zuletzt über in die Schäfchenwolken des Himmels, daß kein Unterschied mehr ist zwischen Oben und Unten, Himmel und Erde.

Auf staubiger Straße wandert Flattich und spürt den Frieden des Herzens, der den Himmel gebiert auf Erden und die Erde mitreißen will in den Himmel der Seligkeit mit all ihren Schlangen und Lämmern, Kindern und Narren, Lümmeln und Sündern.

Während er noch in seiner seltsamen Himmelfahrt schwelgt, trifft Hufschlag an sein Ohr, und er gewahrt einen jugendlichen Reiter, der eben sein Pferd zügelt und es vor ihm zum Stehen bringt.

„Flattich!" sagt der Reiter und schaut ihm klug forschend ins Gesicht.

„Gnädiger Herr!" antwortet Flattich, als ob nichts wäre, und nimmt das Pferd am Zügel. Da stehen sie, der Herzog und sein geistlicher Freund, im Staub der Straße, schauen sich unverwandt in die Augen, und jeder sieht in der Miene des andern die stille Erfahrung, die der harte Griffel in die untrügliche Tafel gezeichnet hat, — und sie scheinen sich mit Schweigen mehr sagen zu können als mit Worten; mit Worten, die um so schamloser werden, je höflicher sie gesetzt sind.

Endlich sagt der Herzog: „Er hat mich beschämt!"

Flattich schweigt. Dann dankt er seinem Herrn

für die Gnade — eines Opfers, das ihn zum glücklichsten der Menschen gemacht hat.

„Was Ihm auch geschickt ist“, sagt der Fürst nachdenklich, „Gutes oder Schlimmes, Er besteht! Ich will von Ihm lernen, Flattich! Habt Dank! Grüßt Eure Frau von mir!“

Ehe Flattich ein Wort erwidern kann, ist der Fürst wieder auf dem Sattel und — fortgeritten. Der Zurückbleibende tritt auf die Seite und wendet sein Gesicht vom Staub. Dann nimmt er seinen Stock und fängt wieder zu gehen an. Er hat es schwerer als wir alle, denkt er bei sich, die Macht ist von dieser Welt. Ganz von dieser Welt.

Aber die Liebe ist — von droben.

Auf einmal gelüstet es ihn, sich umzudrehen und dem Reiter nachzuschauen. Da sieht er ihn auf einem fernen Acker wie eine schnelle Wolke dahinfliegen, sieht das Hütchen wippen — Roß und Mann in einem flatternden Geistermantel von Staub.

Mittlerweile hat er den Strohberg erstiegen und geht mit den friedlichen Lämmern dem reinen Himmel entgegen, der mit seiner glänzenden Stadt näher und näher kommt, und er meint nur noch die Hand recken zu müssen, um an die alabasternen Mauern zu rühren.

Er schwebt und tanzt hinan. Ist es noch die Erde, die ihn trägt, sind's schon die wolkigen Gründe?

Da wallen die Tore auseinander, leis rauschend

auf Angeln der Luft, und ein Strahl der innigsten Liebe des göttlichen Vaterherzens geht ihm rosig scheinend übers Gesicht, daß er sich verschämt über die Augen fährt.

Zwei Genien stehn auf den Toren und heben langsam ihre Lichtposaunen über den Scheitel der Stadt, und ihre Jubeltöne, die sich droben im Äther freien, huldigen ohne Ende dem Gott der Liebe, der die Welt erlöst.